Nicole Lücke und Digna Hobbelink

Lernaufgaben für den Niederländischunterricht

kompetenzorientiert – differenzierend – praxiserprobt

agenda

Niederländischunterricht konkret - Band 1

Nicole Lücke und Digna Hobbelink

Lernaufgaben für den Niederländischunterricht

kompetenzorientiert – differenzierend – praxiserprobt

unter Mitarbeit von:
Studentinnen und Studenten im Fach Niederländisch:
Marie Boegen, Kim Geffroy, Marc Jansen, Rainer Landwehrs,
Sophie Telaak, Hannah van de Bruck, Alexander Weise und Dustin Zantis;

Wissenschaftliche Hilfskraft:
Lorenz Kerner;

Niederländischlehrerinnen und -lehrer:
Dr. Martin Bachmann, Fabian Hoppe, Monika Janßen, Annick Keppens,
Sven Naujokat und Stefan Wetschewald.

agenda Verlag
Münster
2018

Die Veröffentlichung dieses Werkes wurde unterstützt durch:

**Ministerium für
Kultur und Wissenschaft
des Landes Nordrhein-Westfalen**

Bibliografische Information der Deutschen Nationalbibliothek
Die Deutsche Nationalbibliothek verzeichnet diese Publikation in der Deutschen Nationalbibliographie; detaillierte bibliographische Daten sind im Internet über http://dnb.d-nb.de abrufbar.

Drubbel 4, D-48143 Münster
Tel. +49-(0)251-799610, Fax +49-(0)251-799519
info@agenda.de, www.agenda.de

Layout und Satz: Lorenz Kerner u.M.v. Thomas Gerdes

Druck und Bindung: TOTEM, Inowroclaw, Polen

ISBN 978-3-89688-585-2

Inhaltsverzeichnis

„Wenn es auf den Lehrer ankommt,
kommt es ebenso auf die Lehrerbildung an.“[1]
Prof. Dr. Ewald Terhart

Vorwort

Die in dieser Veröffentlichung enthaltenen Lernaufgaben folgen einem einheitlichen Prinzip, das anknüpft an Erkenntnisse neuester fachdidaktischer Forschung und ausgerichtet ist auf aktuelle Erfordernisse der konkreten Unterrichtspraxis.[2] Die Lernaufgaben weisen spezifische Merkmale auf, sie sind vor allem

- ✓ **kompetenzorientiert**: Sie zielen auf die Entwicklung fremdsprachlicher und interaktionaler lebensweltlicher Kompetenzen.
- ✓ **differenzierend**: Sie berücksichtigen verschieden (leistungs-)starke Gruppen im Unterricht und bieten dazu unterschiedliche methodische Optionen an.
- ✓ **praxiserprobt**: Sie wurden in schulischer Praxis erprobt, evaluiert und den Anforderungen des Unterrichts entsprechend angepasst.

Mit den hier dokumentierten Lernaufgaben liegen ausgewählte Ergebnisse des Teilprojekts „Aufgabenorientierung im Niederländischunterricht“ vor, das im Rahmen des Gesamtprojekts „Unterrichtmaterialien im Niederländischunterricht“ unter der Leitung von Nicole Lücke und Digna Hobbelink am Institut für Niederlandistik der Universität zu Köln durchgeführt wurde.[3] Ziel des Projekts war die nachhaltige Stärkung professionsbezogener Kompetenzen von Lehramtsstudierenden sowie die Weiterentwicklung der Unterrichtsqualität im Fach Niederländisch.

Für das Gelingen des Projekts danken wir ganz besonders den beteiligten Niederländischlehrerinnen und -lehrern[4], vor allem für ihr großes Engagement über den gesamten Projektzeitraum hinweg – trotz aller Herausforderungen des schulischen Arbeitsalltags. Wir bedanken uns für die Möglichkeit, die Lernaufgaben in Zusammenarbeit mit den am Projekt beteiligten Studentinnen und Studenten[5] im Unterricht der Fachkolleginnen und -kollegen praktisch erproben und damit wertvolle Erkenntnisse

[1] Terhart, Ewald (2014): Dauerbaustelle Lehrerbildung. Eine Bestandsaufnahme aus Sicht der Bildungswissenschaften. In: Hochschulrektorenkonferenz (Hrsg.): Lehrerbildung heute. Impulse für Studium und Lehre. Projekt nexus – Konzepte und gute Praxis für Studium und Lehre. S. 8-9.

[2] Das zugrundeliegende Lernaufgaben-Prinzip wird in Teilkapitel 3.1 erläutert, siehe S. 10ff.

[3] Gefördert wurde das Projekt durch das Ministerium für Kultur und Wissenschaft des Landes Nordrhein-Westfalen. Die Fördermittel fokussierten u. a. innovative und sichtbare Lehr(forschungs)projekte in der LehrerInnenbildung, insbesondere im Studiengang Haupt-, Real-, Gesamtschule.

[4] Eine detaillierte Übersicht der am Projekt beteiligten Lehrerinnen und Lehrer siehe S. 166.

[5] Eine detaillierte Übersicht der am Projekt beteiligten Studentinnen und Studenten siehe S. 165.

über die Praxistauglichkeit der Unterrichtsmaterialien und Anpassungsbedarfe an die konkrete Unterrichtssituation im Fach Niederländisch gewinnen zu können. Die individuellen Beratungen haben maßgeblich zum intendierten Professionalisierungsprozess der Lehramtsstudierenden beigetragen. Wir bedanken uns für den stets ertragreichen Austausch und das kollegiale und freundliche Miteinander – herzlichen Dank an Dr. Martin Bachmann, Fabian Hoppe, Monika Janßen, Annick Keppens, Sven Naujokat und Stefan Wetschewald.

An dieser Stelle möchten wir besonders auch Frau Prof. Dr. Ann Marynissen, geschäftsführende Direktorin des Instituts für Niederlandistik, danken. In erster Linie sind wir dankbar für ihren unermüdlichen Einsatz, mit dem sie uns bei der Projektantragstellung mit Rat und Tat und nicht zuletzt beim Korrekturlesen der Druckfahne unterstützte.

Ebenfalls geht unser Dank an Jana Hasenbeck, wissenschaftliche Hilfskraft am Institut für Niederlandistik, die uns bei der Konzeption und Erstellung der in dieser Publikation verwendeten Lehr-Lern-Symbole[6] intensiv behilflich war. Für die technische Unterstützung danken wir Thomas Gerdes, ebenso studentische Hilfskraft am Institut für Niederlandistik. Für die vielen Arbeiten, die rund um das Projekt insgesamt anfielen, danken wir allen studentischen Hilfskräften des Instituts für Niederlandistik. Vielen Dank Sarah Schlüter für die administrative Unterstützung im Projektmanagement.

Ganz besonders gilt unser Dank Lorenz Kerner, der das Projekt als wissenschaftliche Hilfskraft in allen Phasen unterstützt hat und maßgeblich an der Layout-Gestaltung beteiligt war.

Zu guter Letzt bedanken wir uns beim Ministerium für Kultur und Wissenschaft des Landes Nordrhein-Westfalen für die Projektförderung, beim Lenkungsausschuss des Zentrums für LehrerInnenbildung der Universität zu Köln für die Bewilligung und die administrative Abwicklung des Projekts sowie bei der *Taalunie* für die finanzielle Unterstützung bei der Veröffentlichung der Projektergebnisse.

Köln, im Januar 2018 Nicole M.H. Lücke und Digna M. Hobbelink

[6] Eine Übersicht siehe Seite 28.

„Zwar ist die Ausbildung professioneller Kompetenz Resultat eines berufsbiografischen Prozesses, der letztlich erst in der Ausübung des Berufs selber gelingen kann. Gleichwohl muss auch schon in der Universität damit begonnen werden im Sinne der Grundlegung professionsspezifischer Kompetenzen (über die bloße Vermittlung von Kenntnissen hinausgehend!), die dann in der weiteren Berufsbiografie kultiviert werden zu professioneller Kompetenz.“[1]

Prof. Dr. Rainer Lersch

1. Das Projekt

Im Fokus des Projekts stand bzw. steht die direkte Theorie-Praxis-Verzahnung. Dazu wurden fachdidaktische und schulpraktische Kompetenzen zusammengebracht und konkrete Praxisbeispiele für den Niederländischunterricht entwickelt.

Dem Projekt zugrunde liegt eine Auffassung von Fachdidaktik, die die Schulwirklichkeit angemessen einbezieht. Es wird zugleich getragen von der Auffassung, dass der fachliche Austausch zwischen kompetenten Vertreterinnen und Vertretern aus Fachdidaktik und Schulpraxis die Unterrichtsqualität im Fach Niederländisch nachhaltig verbessern kann.

Die vorliegende Dokumentation der Projektergebnisse bietet Anlass, sich wissenschaftsbasiert und professionsbezogen zu zentralen und aktuellen Themen der Lehrerbildung auszutauschen und voneinander zu lernen. Sie trägt zum berufsorientierten Kompetenzaufbau angehender und bereits tätiger Lehrerinnen und Lehrer bei und fördert eine stärkere Verzahnung sowohl beider Phasen der Lehrerausbildung als auch der Fort- und Weiterbildung[2] als dritte Phase der Lehrerbildung.[3]

[1] Lersch, Rainer (2007): Kompetenzfördernd unterrichten. 22 Schritte von der Theorie zur Praxis. In: Pädagogik 12 (2007) – Umgang mit Heterogenität. S. 39-43, hier: S. 39.

[2] An die universitäre und schulpraktische Ausbildung von Lehrkräften schließt sich als weitere Bildungsphase im Lehrberuf die berufsbegleitende Fort- und Weiterbildung an. Auch wenn Fort- und Weiterbildung oft in einem Zuge genannt werden, handelt es sich doch um zwei unterschiedliche Ansätze. Die Fortbildung hat die Aufgabe, Lehrkräfte in ihren fachlichen, didaktischen und erzieherischen Kompetenzen weiterzuentwickeln. Berufliche Weiterbildung dient dem Erwerb weiterer Qualifikationen, z. B. in zusätzlichen Unterrichtsfächern, für weitere Unterrichtsbereiche, für andere Schulstufen und -formen oder für besondere Aufgaben in der Schule. Vgl. Bellenberg, Gabriele (2003): Ausbildung von Lehrerinnen und Lehrern in Deutschland. Wiesbaden: Springer. S. 45-46 und Huber, Stefan G. (2009): Wirksamkeit von Fort- und Weiterbildung. In: Zlatkin-Troitschanskaia, Olga, Beck, Klaus, Sembill, Detlef et al. (Hrsg.): Lehrprofessionalität. Bedingungen, Genese, Wirkungen und ihre Messung. Weinheim und Basel: Beltz. S. 451-463, hier: S. 451.

[3] Huber bezeichnet das „Lernen im Beruf“ als dritte Phase der Lehrerbildung (vgl. ebd.).

Basierend auf der Auswertung quantitativer und qualitativer Befragungen von Niederländischlehrerinnen und -lehrern sowie von Lehramtsstudierenden im Fach Niederländisch wurden in der Projektarbeit zwei Schwerpunktsetzungen verfolgt.[4]

- In dem Teilprojekt „Aufgabenorientierung im Niederländischunterricht" lag der Schwerpunkt auf der praxistauglichen Umsetzung der Konzepte Kompetenz- und Aufgabenorientierung im fremdsprachlichen Niederländischunterricht. Im Sinne der Aktionsforschung[5] wurden vom Wintersemester 2015/16 bis zum Wintersemester 2016/17 auf der Grundlage des NL-Lernaufgaben-Prinzips kompetenzorientierte Lernaufgaben in fachdidaktischen Veranstaltungen konzipiert und von Studierenden im Unterricht der am Projekt beteiligten Fachlehrerinnen und -lehrern erprobt, evaluiert und in der Folge entsprechend überarbeitet.[6]
- In dem Teilprojekt „Zielsprachige Praxishilfen" ging es zum einen darum, niederländischsprachige Praxishilfen zur Förderung und Evaluierung von Kompetenzen im Niederländischunterricht zu entwickeln. Zum anderen sollten praktische Formulierungshilfen für eine Klassenraumkommunikation in der Zielsprache gebündelt werden.[7]

Die beteiligten Studierenden konnten im Rahmen des Projekts einen großen Teil der für die erste Phase der Lehrerausbildung vorgesehenen Kompetenzen theoretisch und praktisch vertiefen. Kontinuierliche individuelle Anleitung, Beratung und Feedbackschleifen der Projektleiterinnen, kooperative Peer-to-Peer-Treffen und Arbeitssitzungen mit Fachkolleginnen und -kollegen aus der Unterrichtspraxis förderten die Ausbildung reflektierter Erfahrungen in der Planung und Durchführung fremdsprachlicher Lehr- und

[4] Die Befragungen von Niederländischlehrerinnen und -lehrern erfolgten im Rahmen einer Fortbildungsmaßnahme. Die Befragungen der Studierenden fanden im Rahmen von Lehrveranstaltungen am Institut für Niederlandistik der Universität zu Köln statt. Als Erhebungsinstrument dienten jeweils Fragebögen.

[5] Aktionsforschung ist die Übersetzung des von Kurt Lewin in den 1940er Jahren geprägten Begriffs *action research* (auch: Handlungsforschung, Tatforschung) und bezeichnet eine praxisbezogene Ausrichtung sozialwissenschaftlicher Forschung, die ausgeht von einem realen Problem. Nach Lewin bietet *action research* eine Möglichkeit, soziale Praxis und Wissenschaft so miteinander zu verbinden, dass praxisrelevante Lösungen für gesellschaftliche Probleme gefunden werden, denn „Research that produces nothing but books will not suffice." Lewin, Kurt (1946): Action research and minority problems. In: Resolving social conflicts: Selected papers on group dynamics. New York: Harper & Brothers. S. 201-216, hier: S. 202-203. Lewin wollte damit eine Wissenschaft begründen, deren Forschungsergebnisse unmittelbaren Nutzen für die Praxis haben. Vgl. auch Altrichter, Herbert und Peter Posch (2007): Lehrerinnen und Lehrer erforschen ihren Unterricht – Unterrichtsentwicklung und Unterrichtsevaluation durch Aktionsforschung. Vierte Auflage. Bad Heilbrunn: Julius Klinkhardt.

[6] Die Impulse für Ausgangsmaterialien und anzubahnende Schwerpunktkompetenz(en) sollten bewusst von den Studierenden ausgehen. Vielfach wurde Schreiben als Schwerpunktkompetenz gewählt. Lehrwerke, die im Niederländischunterricht verwendet werden, sind in der Regel für den Bereich der Volkshochschule erstellt worden und fokussieren auch daher weniger die Ausbildung von Schreibkompetenz.

[7] Die Ergebnisse des Teilprojekts „Zielsprachige Praxishilfen" liegen in Band 2 vor: Hobbelink, Digna und Nicole Lücke (2018): Diagnostizieren, fördern und evaluieren im kompetenzorientierten Niederländischunterricht – Hilfen für eine zielsprachige Unterrichtspraxis. Niederländischunterricht konkret – Band 2. Münster: agenda. In dieser non-profit Publikation wird mehrfach empfehlend auf Band 2 verwiesen.

Lernprozesse in heterogenen Lerngruppen, z. B. im Hinblick auf zieldifferenten und zielgleichen Unterricht.[8] Durchweg waren großes Engagement und hohe Einsatzbereitschaft für die Projektarbeit erkennbar. Dabei sollte hervorgehoben werden, dass die Studierenden ihre professionelle Kompetenz nicht nur im Bereich des professionellen Wissens – in den Dimensionen Fachwissen, fachdidaktisches Wissen und pädagogisches Wissen – schulen bzw. nachweisen konnten, sondern auch im Bereich affektiv-motivationaler Charakteristika, indem sie insbesondere ein beträchtlich hohes Maß an Belastbarkeit bewiesen.[9] Unter fachdidaktischer Anleitung von Nicole Lücke und sprachpraktischer Anleitung von Digna Hobbelink haben folgende Studierende prozess- und ergebnisorientiert zur Projektarbeit beigetragen: Marie Boegen, Kim Geffroy, Marc Jansen, Rainer Landwehrs, Sophie Telaak, Hannah van de Bruck, Alexander Weise und Dustin Zantis.[10]

Das Projekt kann als Ausgangspunkt für weitere innovative, institutionsübergreifende und praxisrelevante Initiativen zur Weiterentwicklung von Unterricht dienen.[11] Und die Erfahrung zeigt: Das Fach Niederländisch wird von einer ganzen Reihe kompetenter und außerordentlich engagierter angehender und bereits tätiger Kolleginnen und Kollegen vertreten, die systematisch und kooperativ zur Sicherung und Verbesserung der Lernchancen unserer Schülerinnen und Schüler beitragen!

Nicole Lücke und Digna Hobbelink

[8] Vgl. Ländergemeinsame inhaltliche Anforderungen für die Fachwissenschaften und Fachdidaktiken in der Lehrerbildung. Beschluss der KMK vom 16.10.2008 i. d. F. vom 16.03.2017, S. 44.

[9] Konzepte von professioneller Lehrkompetenz vgl. z. B. Baumert, Jürgen und Mareike Kunter (2006): Stichwort: Professionelle Kompetenz von Lehrkräften. Zeitschrift für Erziehungswissenschaft, 9(4). S. 469–520; Marx, Christian, Goeze, Annika und Josef Schrader (2014): Pädagogisch-psychologisches Wissen zur Gestaltung von Lehr-/Lernsituationen: (Wie) Unterscheidet es sich in Erwachsenenbildung / Weiterbildung und Schule? In: Hessische Blätter für Volksbildung, 64(3), S 238-251; Kunter, Mareike, Baumert, Jürgen, Blum, Werner et al. (Hrsg.) (2011): Professionelle Kompetenz von Lehrkräften. Ergebnisse des Forschungsprogramms COACTIV. Münster: Waxmann.

[10] Während der Projektlaufzeit gingen wegweisende Impulse von zusätzlichen fachdidaktischen Veranstaltungen am Institut für Niederlandistik aus. An dieser Stelle bedanke ich [NL] mich ausdrücklich und herzlich bei Melanie Prause (Gesamtschullehrerin, Fachberaterin für das Fach Englisch) für den Praxis-Workshop „Heterogenität und Inklusion im Fremdsprachenunterricht“ und bei Wolfgang Biederstädt (ehemaliger Leiter einer inklusiven Realschule, Lehrbeauftragter am Englischen Seminar II der Universität zu Köln, Herausgeber eines differenzierenden Lehrwerks für den Englischunterricht im Cornelsen Verlag) für den Praxis-Workshop „Welche Möglichkeiten der Leistungsmessung gibt es im differenzierenden Fremdsprachenunterricht der Sekundarstufe I?“. Vgl. auch Biederstädt, Wolfgang (2016): Welche Möglichkeiten der summativen Leistungsmessung im differenzierenden Englischunterricht der Sekundarstufe I gibt es? In: Doff, Sabine (Hrsg.): Heterogenität im Fremdsprachenunterricht. Impulse – Rahmenbedingungen – Kernfragen – Perspektiven. Tübingen: Narr Francke Attempto. S. 135-151.

[11] Es geht explizit darum, Unterricht weiter zu entwickeln, denn „entwickelt ist der Unterricht in den deutschsprachigen Schulen – im doppelten Sinn des Wortes: Er hat sich nicht (nur) selbst entwickelt, er wurde entwickelt, von Lehrpersonen, Ministerien, Hochschulen, Verlagen, Fortbildnern, anderen Akteuren und nicht selten auch von Schülern.“ Rolff, Hans-Günter (2015): Handbuch Unterrichtsentwicklung. Weinheim und Basel: Beltz. S. 9. Zum Begriff der Unterrichtsentwicklung siehe Rolff, Hans-Günter (2015): Formate der Unterrichtsentwicklung und Rolle der Schulleitung. In: ebd.: S. 12-32, hier: S. 24-25.

2. Theoretische Grundlagen

2.1 Aufgaben aus allgemeindidaktischer und pädagogischer Perspektive

Die intensive Auseinandersetzung mit Aufgaben ist im Kontext tiefgreifender allgemeiner Entwicklungen in der Bildungslandschaft zu sehen, die sich vor allem als Reaktion auf die schlechten Ergebnisse deutscher Schülerinnen und Schüler in international vergleichenden Schulleistungsuntersuchungen seit Beginn der 2000er Jahre vollzogen. Empirische Befunde wurden im Allgemeinen dahingehend gedeutet, dass Schülerinnen und Schüler in Deutschland im Unterricht unzureichende Kompetenzen erwerben, um komplexe Probleme erfolgreich zu lösen.[1]

Motivierende Aufgaben gelten als entscheidende Verbindung zwischen den durch die Lehrkraft intendierten Lernprozessen und den nachfolgenden Lernaktivitäten der Schülerinnen und Schüler und werden als Hebel zur Steigerung von Unterrichtsqualität verstanden.[2] Aufgaben sind demnach konstitutiv für das Lernen. Sie tragen dazu bei, die „Differenz von Ist und Soll zu überwinden“ (Kiper 2010: 45). Mit Blick auf die kompetenzförderlichen Lern(er)aktivitäten werden Aufgaben auch als Lernaufgaben bezeichnet – und so zugleich von Prüfungs- bzw. Testaufgaben und Diagnoseaufgaben unterschieden.[3] Es gibt verschiedene Bezeichnungen für und Definitionen

[1] Im Nachgang zu den Schulleistungsstudien wurde die Unterrichtsforschung forciert und dezidiert der Frage nachgegangen, wie auf der Grundlage valider Forschungsergebnisse kompetenzentwickelnder Unterricht und Unterrichtsentwicklung gestaltet werden kann. Die Ständige Konferenz der Kultusminister (KMK) hat mit der Entwicklung nationaler Bildungsstandards für verschiedene Fächer (Deutsch, Mathematik, Fremdsprachen, Naturwissenschaften) und Schulabschlüsse weitreichende Beschlüsse zur Qualitätssicherung und -entwicklung des Bildungswesens in Deutschland gefasst. Der Reformabsicht zur Standardisierung des Outputs bzw. Outcome entsprechend wurden die nationalen Bildungsstandards in fachbezogenen Kernlehrplänen der Länder umgesetzt – und die Input-Steuerung über inhaltliche Vorgaben damit abgelöst. Die Erwartungen an die Ergebnisse schulischer Lehr-Lern-Prozesse sind in Form von Kompetenzen beschrieben, die Schülerinnen und Schüler bis zu bestimmten Zeitpunkten erreicht haben sollen. Zur vertieften Lektüre vgl. Criblez, Lucien (2016): Aufgabenkultur. Zur bildungspolitischen und historischen Verortung einer (fach-)didaktischen Diskussion. In: Keller, Stefan und Christian Reintjes (Hrsg.): Aufgaben als Schlüssel zur Kompetenz. Didaktische Herausforderungen, wissenschaftliche Zugänge und empirische Befunde. Münster: Waxmann. S. 27-40.

[2] Lernaktivierung als Unterrichtsprinzip geht davon aus, dass Lernende, die aktiv am Unterrichtsgeschehen teilnehmen und dieses mitgestalten, bessere Lernergebnisse erzielen. Vgl. Funk, Hermann, Kuhn, Christina, Skiba, Dirk et al. (Hrsg.) (2014): Aufgaben, Übungen, Interaktion. München: Klett-Langenscheidt. S. 21.

[3] Prüfungs- bzw. Testaufgaben dienen dazu, den Lernstand bzw. die Leistungen der Lernenden zu einem bestimmten Zeitpunkt zu ermitteln. Dazu gehören z. B. Klassenarbeiten oder Klausuren. Testaufgaben wie in Vergleichsarbeiten, in Aufgaben im Zentralabitur oder die Tests in Rahmen der PISA-Studien erheben Wissen und Können verschiedener Populationen in einem Land oder zwischen verschiedenen Ländern und messen Teilkompetenzen unter mehr oder weniger standardisierten Bedingungen. In Prüfungs- und Testaufgaben gilt es Fehler zu vermeiden. Diagnoseaufgaben dienen der Feststellung des Vorkenntnisstands von Schülerinnen und Schülern. Vgl. Caspari, Daniela (2011): Lernaufgaben und Lehrwerke – ein Widerspruch? Betrachtungen aus Sicht des Französischunterrichts. In: Reinfried, Marcus und Nicola Rück (Hrsg.): Innovative Entwicklungen beim Lernen und Lehren von Fremdsprachen. Festschrift für Inez De Florio-Hansen. Tübingen: Narr Francke Attempto. S. 331-344;

von Lernaufgaben. Leisen (2010: 60) definiert Lernaufgaben wie folgt:

> Eine Lernaufgabe ist eine Lernumgebung zur Kompetenzentwicklung. Sie steuert den individuellen Lernprozess durch eine Folge von gestuften Aufgabenstellungen mit entsprechenden Lernmaterialien so, dass die Lerner möglichst eigentätig die Problemstellung entdecken, Vorstellungen entwickeln und Informationen auswerten. Dabei erstellen und diskutieren sie ein Lernprodukt, definieren und reflektieren den Lernzugewinn und üben sich abschließend im handelnden Umgang mit Wissen.

Diese Definition verweist unmittelbar auf gängige Kompetenzdefinitionen, nach denen Wissen und Handeln zu verknüpfen sind, um praktische Problemlösungen zu ermöglichen.[4] Kompetenzorientierter Unterricht befähigt Schülerinnen und Schülern im Sinne des systematischen kumulativen Lernens, zunehmend komplexere Aufgabenstellungen bzw. Anforderungen zu bewältigen.

Aus der Literatur lassen sich Merkmale didaktischer und fachlicher Aufgabenqualität exzerpieren, in denen sich allgemeine Erkenntnisse der Diskussion über Unterrichtsqualität[5] widerspiegeln, die gleichfalls in der Didaktik der modernen Fremdsprachen diskutiert werden.[6]

Kiper, Hanna, Meints, Waltraud, Peters, Sebastian et al. (Hrsg.) (2010): Lernaufgaben und Lernmaterialien im kompetenzorientierten Unterricht. Stuttgart: Kohlhammer; Lücke, Nicole (2014): Lernaufgaben konzipieren. In: Wenzel, Veronika (Hrsg.): Fachdidaktik Niederländisch. Münster: LIT-Verlag. S. 227-237, hier: 227-228. Speziell zu Diagnoseaufgaben vgl. Bial, Jessica (2013): Lerneffektiv unterrichten – konstruktiv evaluieren. In: Praxis Fremdsprachenunterricht Französisch, 10 (4). S. 4-8. Leisen (2017: 4) klassifiziert Aufgaben in Aufgaben zum Lernen (z. B. Lern-, Übungs-, Wiederholungs- und Vertiefungsaufgaben) und Aufgaben zum Leisten (z. B. Prüfungs-, Test-, Diagnose-und Evaluationsaufgaben).

[4] Vgl. z. B. Leisen 2010a: 63: „Kompetenz wird definiert als handelnder Umgang mit Wissen."

[5] Helmke (2015: 168-169) benennt die folgenden fachübergreifenden und unterrichtsrelevanten Qualitätsbereiche für guten Unterricht: 1. Klassenführung, 2. Klarheit und Strukturiertheit, 3. Konsolidierung und Sicherung, 4. Aktivierung, 5. Motivierung, 6. Lernförderliches Klima, 7. Schülerorientierung, 8. Kompetenzorientierung, 9. Umgang mit Heterogenität, 10. Angebotsvariation. Auf ähnlichen Qualitätsbereichen für guten Unterricht beruhen die im Bildungsbereich in verschiedenen Staaten verwendeten Referenzsysteme. Referenzsysteme bieten eine Grundorientierung für weitere Prozesse und Initiativen zur Qualitätssicherung und –weiterentwicklung von Schule und Unterricht. Zur vertieften Lektüre siehe die wissenschaftsnahe Publikation: Dobbelstein, Peter, Groot-Wilken, Bernd und Saskia Koltermann (Hrsg.) (2017): Referenzsysteme zur Unterstützung von Schulentwicklung. Münster: Waxmann.

[6] Zur vertieften Auseinandersetzung: Bohl et al. (2015: 28-31) haben ein überfachliches Kategoriensystem entwickelt, mit welchem Aufgaben für alle Fächer analysiert werden können.

Didaktische und fachliche Merkmale hoher Aufgabenqualität

- Exemplarische Erschließung eines gesellschaftlich relevanten Bildungsinhalts;
- Ansprache eines Bedürfnisses der Schülerinnen und Schüler;
- Förderung genereller intellektueller Fähigkeiten;
- Neuigkeitswert in Bezug auf den bereichsspezifischen Wissens- und Erfahrungsstand;
- Chance auf Bewältigung;
- Potenzial zur inneren Differenzierung;
- Repräsentation einer authentischen Situation;
- Förderung von Problemlösefähigkeit;
- Erfordernis sozialer Interaktion.

vgl. Blömeke et al. 2006, zitiert nach Kiper et al. 2010: 146

2.2 Aufgaben aus fremdsprachendidaktischer Perspektive

Für die (Wieder-)Entdeckung von (Lern-)Aufgaben im Fremdsprachenunterricht kann neben dem Einfluss allgemeindidaktischer und pädagogischer Konzepte unter dem Leitparadigma der Kompetenzorientierung auch auf das Konzept des *task-based language learning* bzw. *teaching* verwiesen werden, das vorrangig mit Namen anglophoner Sprachlehr- und Sprachlernforscher wie Rod Ellis, Jane und Dave Willis, David Nunan oder Peter Skehan verbunden ist (vgl. Bär 2013: 8, Lücke 2014: 228). Im Wesentlichen knüpft der aufgabenorientierte Ansatz[1] an Konzepte des kommunikativen Fremdsprachenunterrichts an, die in den 1980er Jahren aus der Unzufriedenheit meist erwachsener Lerner über eine einseitige Fixierung auf formbezogenes Fremdsprachenlernen entstanden. Die unterrichtlichen Aktivitäten bereiteten nur selten auf das Ziel vor, die Fremdsprache außerhalb des Klassenzimmers in Begegnungssituationen anzuwenden, so die Kritik.

Für einen modernen Fremdsprachenunterricht, der die Entwicklung (inter-)kultureller kommunikativer Kompetenz zum Ziel hat,[2] bedeutet dies, dass er auf Aufgaben zur Bewältigung von kommunikativen und fremdsprachlichen Anforderungssituationen basiert, welche die Lernenden zu gesellschaftlicher Partizipation befähigen. Folglich sind im Unterricht Aufgaben einzusetzen, die insbesondere den Zweck und das erwartete Ergebnis einer Aktivität benennen und potentiell in authentischer Sprachverwendung vorkommen könnten (vgl. Lücke 2014: 229). Van den Branden (2006: 4) legt eine Definition von Lernaufgaben vor, in der die Fremdsprache als Mittel der Wahl fungiert: „A task is an activity in which a person engages in order to attain an objective, and which necessitates the use of language."[3] Menschen lassen sich nur dann

---

[1] Merkmale eines aufgabenorientierten Ansatzes vgl. Kraus, Alexander und Andreas Nieweler (2014): Heterogenität und individuelle Förderung. Ein Plädoyer für mehr Mut. In: Der fremdsprachliche Unterricht. Französisch, 48 (128). S. 2-8, hier: S. 5. Eine „Checkliste" zur Aufgabenorientierung vgl. Nieweler, Andreas (2016): Gute Aufgaben als Lernchance. Task based language learning im Fremdsprachenunterricht. In: Pädagogik 12 (2016) – Aufgaben. S. 20-23, hier: S. 21.

[2] Die Bildungsstandards der Kultusministerkonferenz (KMK) sowie der Gemeinsame europäische Referenzrahmen (GeR) erklären die Entwicklung interkultureller Kompetenzen als eine übergreifende Aufgabe von Schule (KMK 2013, GER 2001).

[3] Zu weiteren (vergleichenden) Definitionen siehe z. B. Van den Branden, Kris (2006): Introduction: Task-based language teaching in a nutshell. In: Task-based language education. From theory to practice. Cambridge, S. 1-16. In der deutschsprachigen Fremdsprachendidaktik werden ebenfalls verschiedene Bezeichnungen für (Lern-)Aufgaben verwendet, z. B. Aneignungsaufgaben, didaktische Aufgaben, (komplexe) Lernaufgaben, Kompetenz entwickelnde Lernaufgabe (Müller-Hartmann et al. 2013: 37). Hallet (2012: 12) verwendet die Bezeichnung „komplexe Kompetenzaufgabe", weil der Begriff Lernaufgabe seiner Meinung nach Aufgaben auf ihre didaktische Funktion festlege und die lebensweltliche Dimension verfehle; „Komplexe Kompetenzaufgaben modellieren diskursive Prozesse und Bedeutungsaushandlungen in Analogie zu Problemstellungen, Aushandlungsprozessen und Thematiken in realweltlichen Diskursen oder nehmen diese auf." (Hallet 2013: 4). Zur kritischen Auseinandersetzung mit der „komplexen Kompetenzaufgabe" nach Hallet vgl. z. B. De Florio-Hansen,

motiviert auf eine Aufgabe ein, deren Bewältigung den Einsatz einer Fremdsprache erfordert, wenn sie damit eigene Bedeutungen und Inhalte kommunizieren können.[4]

Die explizite Lernerorientierung und der damit einhergehende Fokus auf die Bedeutungsebene von Sprache (*focus on meaning*) sind Kernprinzipien des aufgabenorientierten Fremdsprachenlernens. Im Gegensatz zu einem traditionellen Fremdsprachenunterricht im Sinne eines primär formbezogenen Lernens (*focus on form*) wird im aufgabenorientierten Ansatz stärker ein Thema oder ein authentischer Kontext statt eine grammatische Form in den Vordergrund gerückt. Demnach werden Aufgaben von Übungen unterschieden: Bei Übungen ist das dekontextualisierte Einüben von Formen und sprachlichen Mitteln vorrangig, sie sind stärker sprachbezogen und dienen „dem Verfügbarmachen von isolierten Strukturen in unterschiedlichen Fertigkeitsbereichen wie z. B. der Aussprache, der Lexik, der Grammatik, der Orthographie" (Leupold 2008: 6).[5]

Auch der Gemeinsame europäische Referenzrahmen (GeR) geht für das Fremdsprachenlernen von einem handlungs- und aufgabenorientierten Ansatz aus und stellt das Potenzial von kommunikativen Aufgaben in den Mittelpunkt.[6] Kommunikative Aufgaben werden wie folgt umschrieben:

> Kommunikative Aufgaben im Unterricht [...] sind in dem Maße kommunikativ, in dem sie von den Lernenden verlangen, Inhalte zu verstehen, auszuhandeln und auszudrücken, um ein kommunikatives Ziel zu erreichen. Der Schwerpunkt der kommunikativen Aufgabe liegt auf ihrer erfolgreichen Bewältigung und im Mittelpunkt steht folglich die inhaltliche Ebene, während Lernende ihre kommunikativen Absichten realisieren. (GeR 2001: 153)

Inez (2014): Fremdprachenunterricht lernwirksam gestalten. Mit Beispielen für Englisch, Französisch und Spanisch. Tübingen: Narr Francke Attempto. S. 112 ff.

[4] vgl. hierzu Müller-Hartmann & Schocker-von Ditfurth 2016: 326.

[5] vgl. Ellis 2003: 3: „Tasks are activities that call for primarly meaning-focused language use." An dieser Stelle wird ausdrücklich betont, dass es nicht um ein Entweder-Oder geht, sondern mit Van den Branden um eine Kombination aus „focus on form and meaningfull activity", die sich in der Regel ergibt aus „the interactional activity among learners, or between the teacher and the learners, as much as a result of careful construction and manipulation by task designers." (Van den Branden 2006: 10). In der jüngeren fachdidaktischen Literatur zum aufgabenorientieren (Fremd-)Sprachenlernen wird mitunter die Frage diskutiert, wie *focus on form* sinnvoll in einen aufgabenorientierten Unterricht integriert werden kann und ob dies implizit oder explizit, während, vor oder nach der Präsentation der Aufgabenerfüllung/ des Aufgabenprodukts zu erfolgen habe. (Van den Branden 2006: 9).

[6] GeR 2001: 21: „Der hier gewählte Ansatz ist im Großen und Ganzen handlungsorientiert, weil er Sprachverwendende und Sprachlernende vor allem als sozial Handelnde betrachtet, d. h. als Mitglieder einer Gesellschaft, die unter bestimmten Umständen und in spezifischen Umgebungen und Handlungsfeldern kommunikative Aufgaben bewältigen müssen, und zwar nicht nur sprachliche." Die Bildungsstandards stehen im Einklang mit einem aufgabenorientierten Ansatz.

Neben dem Potenzial von kommunikativen Aufgaben wird in der Empfehlung des Europarats mit Verweis auf Unterricht die Relevanz didaktischer Aufgaben benannt, deren Beschaffenheit in der Unterrichtssituation begründet liegt und die ggf. nur einen indirekten Zusammenhang mit realen Aufgaben und Lernerbedürfnissen aufweisen.[7] Im Fremdsprachenunterricht sind Lernende bereit, sich auf die Fiktionalität der Situation einzulassen und zu akzeptieren, dass sie zur Ausführung inhaltsorientierter Aufgaben die Zielsprache und nicht die leichtere und natürlichere Mutter- bzw. Herkunftssprache verwenden, heißt es im Gemeinsamen europäischen Referenzrahmen. Wichtiger als die Terminologie ist, die Bedeutung der authentischen Kommunikationssituation hervorzuheben, die nicht unbedingt das „wirkliche Leben" ins Klassenzimmer holen muss, sondern dadurch authentisch wird, dass Lernende engagiert an der Bewältigung einer Aufgabe arbeiten, die sie als relevant, signifikant oder wenigstens einigermaßen interessant erleben (vgl. Thonhauser 2010: 15).[8]

Charakteristisch für aufgabenorientiertes Fremdsprachenlernen ist eine Sequenzierung von Aufgaben, die die Lerneraktivitäten in vorbereitende, begleitende und nachbereitende Arbeits- und Lernprozesse einteilt.[9] Bevor die Kernaufgabe bewältigt wird, gilt es, diese inhaltlich und sprachlich vorzubereiten. Die nachbereitende Phase beinhaltet die Präsentation der Kernaufgabe, Feedback und ggf. einen Formfokus (vgl. Summer 2016: 28, Lücke 2014: 229). Nach Müller-Hartmann und Schocker-von Ditfurth (2006: 4) sind gute Lernaufgaben authentisch, fördern ergebnisorientiertes Denken, lösen kognitive Prozesse aus, entwickeln die Persönlichkeit, nennen einen Zweck und ein definiertes kommunikatives Ergebnis, sind interaktiv und gestehen Wahlfreiheit zu.[10] Im folgenden Kapitel wird das NL-Lernaufgaben-Prinzip für den fremdsprachlichen Niederländischunterricht vorgestellt und erläutert.

Nicole Lücke

[7] Nunan (2004: 4) unterscheidet in seinem einflussreichen Buch *Task- based Language Teaching* zwischen *real world tasks* (sprachlichen Handlungen außerhalb des Klassenzimmers) und *pedagogical tasks* (Aufgaben im Kontext des Fremdsprachenunterrichts).

[8] Als grundlegend für die weitere fachdidaktische Beschäftigung mit Lernaufgaben benennen die Herausgeber (Ralle et al. 2014: 10) des Sammelbands „Lernaufgaben entwickeln, bearbeiten und überprüfen. Ergebnisse und Perspektiven der fachdidaktischen Forschung" der gleichnamigen GFD-Tagung im Oktober 2013 an der Technischen Universität Dortmund die Frage, wie lebensweltlich oder authentisch eine Lernaufgabe zu sein hat.

[9] z. B. bei Willis & Willis (2007): *pre-task, task cycle, language focus*; bei Ellis (2003): *pre-, during-* und *post-tasks* oder *pre-task, main task* (Kernaufgabe) und *post-task* (vgl. Summer 2016: 28). Teilweise sind die einzelnen TBL-Ansätze in der Gestaltung und Gewichtung der einzelnen Phasen sehr unterschiedlich. Vgl. Bechtel, Mark (2015): Das Konzept der Lernaufgabe im Fremdsprachenunterricht. In: Bechtel, Mark (Hrsg.): Fördern durch Aufgabenorientierung. Bremer Schulbegleitforschung zu Lernaufgaben im Französisch- und Spanischunterricht der Sekundarstufe I. Frankfurt am Main: Peter Lang. S. 43-82, hier: S. 53.

[10] Für Merkmale des aufgabenorientierten Ansatzes siehe auch Ellis 2003: 9; Caspari & Kleppin 2008: 137-139; Nieweler 2016: 20-23. Hallet (2012: 12f) schreibt seiner „komplexen Kompetenzaufgabe" folgende Kriterien zu: Lebensweltbezug, Komplexität, Kompetenzentwicklung, Prozessinitiierung, Offenheit, Prozessstrukturierung.

3. Konzeption für die Praxis

3.1 Das NL-Lernaufgaben-Prinzip

Die in dieser Publikation vorgestellten Lernaufgaben folgen einem theorie- und erfahrungsbasierten Prinzip: Es verbindet aktuelle theoretische Diskurse allgemein- und fremdsprachendidaktischer Aufgabenorientierung mit Erkenntnissen, die aus der Erprobung der Lernaufgaben in der konkreten Unterrichtspraxis und im fachlichen Austausch von erfahrenen Lehrerinnen und Lehrern gewonnen werden konnten.[1] Das Prinzip ist insofern evidenzbasiert, als es seine Umsetzbarkeit – gemessen an den Maßstäben konkreter Unterrichtspraxis – erwiesen hat.

Lernaufgaben nach dem NL-Prinzip berücksichtigen explizit die Besonderheiten des Tertiärsprachenerwerbs[2] sowie die im Klassenzimmer vertretenen Herkunftssprachen. Alle Schülerinnen und Schüler des Niederländischunterrichts sprechen (bzw. lernen) Deutsch und haben (in der Regel) bereits in der Primarstufe mit Anfangsenglischunterricht begonnen. Es bietet sich daher an, die Sprachverwandtschaft unter den (west-)germanischen Sprachen im Niederländischunterricht bewusst zu machen und produktiv zu nutzen.[3]

Das NL-Lernaufgaben-Prinzip weist eine fünfteilige Struktur auf, die im Folgenden erläutert wird:[4]

---

[1] Der Begriff didaktisches Modell wird hier nicht verwendet, da er eher theoriebasiert ist. Ebenso wenig ist der Begriff didaktisches Konzept geeignet, weil er eher erfahrungsbasiert ist. Das vorgestellte NL-Lernaufgaben-Prinzip ist sowohl theorie- als auch erfahrungsbasiert und – analog zur allgemeinen Modellbildung – als Reduktion von Komplexität zu verstehen.

[2] „Mit Tertiärsprache wird jede Sprache bezeichnet, die nach der erstgelernten (gesteuerten) Fremdsprache (L2) gelernt wird. Sie wird oft wegen der chronologischen Reihenfolge als L3 (dritte Sprache) oder $L2_2$ spezifiziert [...].“ Marx, Nicole (2016): Lernen von zweiten und weiteren Fremdsprachen im Sekundarschulalter. In: Burwitz-Melzer, Eva, Mehlhorn, Grit, Riemer, Claudia et al.: Handbuch Fremdsprachenunterricht. 6., völlig überarbeitete und erweiterte Auflage. Tübingen: Narr Francke Attempto. S. 295-300, hier: S. 295.

[3] In den germanischen Sprachen ist eine „gegenseitige Verständlichkeit“ (Tafel et al. 2009: 5) möglich. So lassen beispielweise die germanischen Begrüßungsformeln „Guten Morgen“, „Good morning“ und „Goede Morgen“ die Verwandtschaft der westgermanischen Sprachen Deutsch, Englisch und Niederländisch – vor allem in der Schriftsprache – erkennen. Diese sprachliche Verwandtschaft macht sich das Konzept der Interkomprehension in der Mehrsprachigkeitsdidaktik zu eigen. Vgl. Oleschko 2011: 3. Vgl. auch Oleschko, Sven und Helena Olfert (2014): Förderung von Sprach(lern)bewusstheit und Sprach(lern)kompetenz durch germanische Interkomprehensionsansätze. In: Morys, Nancy, Kirsch, Claudine, de Saint-Georges, Ingrid und G rard Gretsch (Hrsg.): Lernen und Lehren in multilingualen Kontexten. Zum Umgang mit sprachlich-kultureller Diversität im Klassenraum. Frankfurt am Main: Peter Lang. S. 31-45. Für eine vertiefte Auseinandersetzung mit Sprachverwandtschaften siehe Schepens, Job (2015): Bridging linguistic gaps: the effects of linguistic distance on the adult learnability of Dutch as an additional language. Leiden: LOT.

[4] Damit unterscheiden sich die Phasen des Lernens im Lernaufgabenkonzept (natürlich) nicht von Phasen des Lernens in bisher als z. B. Lernsequenzen bezeichneten Unterrichtsabläufen. Die Binnenstruktur von Lernsequenzen weist in der Regel die folgenden Phasen auf: 1. Einstiegsphase; 2. Instruktionsphase; 3.

I. Aufgabenkonstruktion
II. Aufgabeninstruktion
III. Kompetenzen anbahnen
IV. Zielaufgabe ausführen
V. Lernen evaluieren

I. Aufgabenkonstruktion: Auf der Grundlage einer Lernausgangsdiagnose[5] ermittelt die Lehrkraft den Vorkenntnisstand der Schülerinnen und Schüler und definiert in der Folge den angestrebten Lernzuwachs unter Berücksichtigung lernerorientierter Kommunikationsbedürfnisse und curricularer Vorgaben. Der angestrebte Lernzuwachs ist angesiedelt in der *zone of proximal development* [6], auf einer Kompetenzstufe also, auf der die Lernenden die Aufgabe weitgehend selbständig unter Anwendung der bereits erworbenen Kompetenzen, aber auch unter Nutzung von Unterstützungsangeboten lösen und zu einer höheren Kompetenzstufe gelangen können.[7] Die Zielaufgabe bildet den Ausgangspunkt für die Planung des aufgabenbasierten Unterrichtsarrangements, die Lehrkraft plant also vom Ende bzw. Output her. Notwendige Kompetenz der Lehrkraft ist es, kognitive, (fremd-)sprachlich-diskursive und interaktionale Schrittfolgen zur Zielerreichung zu antizipieren und diese in einer

Erarbeitungsphase; 4. Präsentationsphase; 5. Sicherungsphase; 6. Lernerfolgsüberprüfung / Reflexionsphase zur Zielerreichung. Der Unterschied liegt nicht einer anderen Strukturierung von Unterricht, sondern in der „Steuerungslogik" eines lernerzentrierten Lehrerhandelns, das individuelle Lernausgangslagen einbezieht. Vgl. Wildt, Michael (2014): Lehrerzentrierung versus Schülerzentrierung. Von Ähnlichkeiten und Unterschieden. In: Lernchancen 99/100. S. 22-27, hier: S. 23. Leisen (2011: 8) unterscheidet mit Verweis auf die Phasierung von Lernprozessen nach dem Duktus problemlösenden Denkens und Handels die folgenden Lernschritte: Problemstellung entdecken, Vorstellungen entwickeln, Informationen auswerten, Lernprodukt diskutieren, Lernzugewinn definieren, sicher werden und üben.
Der kompetenzorientierte Fremdsprachenunterricht ist in der Regel durch den Dreischritt der Kompetenzdiagnose, Kompetenzentwicklung und Kompetenzüberprüfung gekennzeichnet. Vgl. Bechtel 2015: 54.

[5] Eine Übersicht über verschiedene Instrumente zur Diagnostik von Lernleistungen (Lernausgangsdiagnose, Lernprozessdiagnose und Lernergebnisdiagnose) vgl. Blümel-de Vries, Katrin (2014): Vielfältig diagnostizieren. Ein Überblick über Diagnoseinstrumente. In: Praxis Fremdsprachenunterricht, 4, S. 12-15. Zur vertieften Lektüre vgl. Hesse, Ingrid und Brigitte Latzko (2017): Diagnostik für Lehrkräfte. Opladen: Budrich. 3. Auflage.
Diagnosebögen zur jeweiligen Ermittlung des (Vor-)Kenntnisstands der funktional kommunikativen Kompetenzen Schreiben, Sprechen (monologisch und dialogisch), Lesen sowie Hören und Sehen finden sich in niederländischer Sprache in: Hobbelink, Digna und Nicole Lücke (2018): Diagnostizieren, fördern und evaluieren im kompetenzorientierten Niederländischunterricht – Hilfen für zielsprachige Unterrichtspraxis. Niederländischunterricht konkret – Band 2. Münster: agenda. Diese Publikation enthält ebenfalls nach Niveaustufen zusammengefasste Diagnosebögen (von A1 bis C2).

[6] *Zone of proximal development* nach Vygotsky (1978: 86): „It is the distance between the actual developmental level as determined by independent problem solving and the level of potential developmental as determined through problem solving under adult guidance or in collaboration with more capable peers."

[7] Leisen (2017: 7) spricht beim anzustrebenden Aufgabenniveau vom „Prinzip der kalkulierten Herausforderung".

herausfordernden und aktivierenden Lernaufgabe fremdsprachlich korrekt umzusetzen. Um möglichst viel Zeit für das aktive Sprachhandeln der Schülerinnen und Schüler verwenden zu können, sind für eine effektive Unterrichtsorganisation Arbeitsanweisungen knapp und präzise zu formulieren.

II. Aufgabeninstruktion: Die Schülerinnen und Schüler wissen von Anfang an, auf welches kommunikative Ziel sie hinarbeiten.[8] Den Ausgangspunkt für die Lernprozesse bildet eine lebensweltlich orientierte kommunikative Situation als Zielaufgabe, die für die einzelnen zielgleich und zieldifferent Lernenden mindestens in Bezug auf die folgenden Aspekte zu verdeutlichen ist:

- den situativ-thematischen Kontext,
- das Handlungsprodukt[9] und
- den Adressatenbezug.

In den in dieser Publikation abgedruckten Lernaufgaben ist die Zielaufgabe vorgegeben. Damit sind die beiden Komponenten Aufgabenkonstruktion und Aufgabeninstruktion des NL-Lernaufgaben-Prinzips als überwiegend lehrkraftgesteuert charakterisiert. Alternativ können Zielaufgaben partizipativ mit den Lernenden generiert werden.[10] Grundsätzlich sind die Lernenden bei der inhaltlichen und methodischen Gestaltung des Unterrichts einzubeziehen, z. B. hinsichtlich Themenauswahl, Sozialform oder Lösungsstrategien.

Die Lehrkraft entscheidet in Abhängigkeit von Unterrichtssituation und Lerngruppe über das notwendige Maß an Instruktion. Gibt es Lerner, die mehr Instruktion benötigen als andere, ist dafür Sorge zu tragen, dass die Lerner ohne zusätzlichen Instruktionsbedarf direkt in die nächste Phase übergehen können. Für Lerner mit zusätzlichem Instruktionsbedarf empfiehlt sich eine dialogische Klärung mit der Lehrperson, vorzugsweise in kleinen Gruppen. Sobald ein/e Teilnehmer/in der Kleingruppe genügend zusätzliche Instruktion erhalten hat, um selbstgesteuert arbeiten zu können, verlässt er/sie die Runde (vgl. Wildt: 2014: 25). Ggf. kann die Lehrperson im individuellen Gespräch mit dem/der Lernenden einen passenden Lernweg bzw. die passenden Aufgaben und

[8] Es geht in Anlehnung an den Ansatz der Direkten Instruktion (engl. *Instructional Design*) darum, für Lehrende und Lernende Klarheit im Hinblick auf die Ziele, die Inhalte, die Methode und die Medien herzustellen. Vgl. Hattie, John und Klaus Zierer (2017): Kenne deinen Einfluss! „Visible Learning“ für die Unterrichtspraxis. Baltmannsweiler: Schneider. S. 91. Das impliziert nicht, dass das Ergebnis konkret vorgegeben ist.

[9] Dem kommunikativ relevanten Handlungsprodukt liegt ein weiter Textbegriff zugrunde. Ein schriftliches Handlungsprodukt kann z. B. in der generischen Form eines *commentaar* oder *leesverslag* realisiert werden, ein mündliches Handlungsprodukt z. B. das Zieltextformat *spreekbeurt* oder *discussie* annehmen. Der Niederländischunterricht in Deutschland kennt eine lange Tradition der adressatenbezogenen Zieltextproduktion.

[10] Lehrwerken liegen verschiedene Konstruktionsprinzipien zugrunde. Lernaufgaben nach dem NL-Prinzip sind vorrangig thematisch-kommunikativ und nachgeordnet grammatisch orientiert.

Übungen auswählen.

III. Kompetenzen anbahnen: Ist das Ziel des Lernarrangements für alle Schülerinnen und Schüler transparent, stellt die Lernaufgabe für den systematischen Erwerb und das Einüben der für die Zielaufgabe notwendigen Inhalte und Kompetenzen eine Abfolge von Aufgaben und Übungen mit verschiedenen Materialien bereit, aus denen die Schülerinnen und Schüler individuell diejenigen Aufgaben auswählen, die sie zur Bewältigung der Zielaufgabe benötigen.[11] In dieser intensiven Lern-Lehr-Phase ist an unterschiedliche inhaltliche und methodische Erfahrungen und Vorkenntnisse der Lernenden anzuknüpfen und (fremd-)sprachliche Mittel sind zu reaktivieren. Um die Potenziale des Tertiärsprachenerwerbs erfolgreich zu nutzen, gilt es,

- die Schülerinnen und Schüler explizit auf ihre anderen Sprachen und Sprachlernerfahrungen hinzuweisen,
- Sprachvergleiche gezielt zu üben und
- die Systematik von Sprachen zu reflektieren.

Was allgemein für den Tertiärsprachenerwerb gilt, gilt in besonderem Maße für den schulischen Niederländischunterricht, denn aufgrund der etymologischen Verwandtschaft des Niederländischen mit dem Deutschen (i. d. R. L1) und dem Englischen (i. d. R. L2), entwickeln sich die (rezeptiven) Kompetenzen bereits zu Beginn des Niederländischunterrichts nicht nur schneller, sondern auch umfangreicher (vgl. Marx 2016: 297).[12]

Die zunehmende kulturelle und sprachliche Heterogenität[13] konfrontiert Lehrkräfte mit beträchtlichen Anforderungen und stellt zugleich ein Potenzial dar, das im Unterricht ganz neue Möglichkeiten und Chancen bietet.[14] Mit der Umsetzung des Language-Awareness-Ansatzes[15] nutzen die dargebotenen Lernaufgaben die kulturelle und

[11] Lernaufgaben, die unabhängig von Lehrwerken entwickelt wurden, folgen in der Regel diesem Konstruktionsprinzip. Vgl. Bechtel 2015: 60.

[12] Die Forschungslage zum Tertiärsprachenerwerb erweist sich insgesamt als nicht unproblematisch und Transfererscheinungen sind in linguistischen Bereichen unterschiedlich stark nachzuweisen. Durch die Auseinandersetzung mit anderen Sprachen sind bei L3-Lerndenden kognitive Faktoren wie Lernstrategien, Monitoringprozesse und Systematisierungsvermögen weiter entwickelt. Vgl. Marx 2016: 296. Bei der Worterkennung hilft Deutschsprachigen, die Niederländisch lesen, die Muttersprache aufgrund der engen Verwandtschaft von Deutsch und Niederländisch in der Regel mehr als die mögliche Brückensprache Englisch. Vgl. Berthele et al. 2011: 490.

[13] Mehrsprachige Klassen sind heute die Norm und spiegeln die Gesellschaft im Kleinen. Damit geht nicht die Vorstellung einher, dass unsere Gesellschaft je homogen war.

[14] Oft werden diese Möglichkeiten und Chancen jedoch nicht genutzt und Unterricht weitgehend aus der Perspektive von monolingual aufwachsenden und monokulturell geprägten Kindern und Lehrpersonen gestaltet. Es geht darum, die mehrsprachige Schulrealität zu nutzen – und den „monolingualen Habitus der multilingualen Schule“ (Gogolin 2008) zu durchbrechen.

[15] Das Konzept „Language Awareness“ beinhaltet neben Sprach(en)bewusstheit auch Sprachaufmerksamkeit, Sprachsensibilisierung, Sprachbewusstmachung und Sprachlernkompetenz und ist damit breiter angelegt als der häufig verwendete Begriff Sprachbewusstheit es auszudrücken vermag. Vgl. Senatsverwaltung für Bildung, Jugend und Wissenschaft (Hrsg.) (2016): Durchgängige Sprachbildung /

sprachliche Vielfalt einer Lerngruppe für kulturelles und fremdsprachliches Lernen.[16] Die Schülerinnen und Schüler werden dazu angeregt, über ihre Sprache nachzudenken und über sie zu sprechen sowie Sensibilität für Sprache, ihre Strukturen, Formen, Funktionen und ihren Gebrauch zu entwickeln.[17] Ziel ist es, Freude an Sprachen und Neugier für (fremd-)sprachliche Prozesse zu wecken und dadurch den Umgang mit gesprochener und geschriebener Sprache zu erleichtern.[18]

Die vorliegenden Lernaufgaben fördern die Kompetenzbereiche Sprachbewusstheit und Sprachlernkompetenz, unter anderem wenn die Aufmerksamkeit auf sprachliche Muster oder Sprachkontraste gelenkt wird oder wenn durch die Einbeziehung der Erstsprache von Lernern mit Migrationshintergrund eine Wertschätzung ihrer Muttersprache erfolgt.[19] Sprachlernbewusstheit wird ebenso gefördert, wenn die Schülerinnen und Schüler ihr erworbenes (Sprachlern-)Wissen für die Entwicklung der eigenen Sprachkompetenz nutzen, zum Beispiel durch die Vermittlung von Techniken zum Wortschatzlernen oder durch mehrsprachige Wörterlisten, die die sprachliche und kulturelle Vielfalt sichtbar machen und sprachvernetztes Lernen ermöglichen.[20]

Den Lernenden stehen in dieser Phase der intensiven Kompetenzförderung (Lehr-Lern-Phase A) verschiedene Optionen der Differenzierung zur Verfügung.[21]

Deutsch als Zweitsprache. Fachbrief Nr. 21. März 2016, S. 6. Zur vertieften Lektüre vgl. z. B. Fremdsprachen Lehren und Lernen (FLuL): Themenschwerpunkt Language Awareness. Bd. Jg. 26/1997. Narr Francke Attempto.

[16] In der – außerunterrichtlichen – Realität nutzen Schülerinnen und Schüler Herkunftssprachen, Zweit- und Drittsprachen sehr rege und vielfältig.

[17] Das impliziert die unterrichtliche Berücksichtigung gender- und diversitätssensibler Sprache und Inhalte.

[18] Zur Aufgabe und Verantwortung von Schule gehört es, „den Fortbestand und die Entwicklung der Gesellschaft durch Vermittlung von Qualifikationen und Haltungen zu stützen." (Schader 2013: 17). Das erfordert eine realitätsbezogene und zukunftsorientierte Vorbereitung der nächsten Generation.

[19] Studien belegen die zentrale und positive Rolle von migrationsbedingter Mehrsprachigkeit für Sprachbildungsprozesse und nicht zuletzt für die Persönlichkeitsentwicklung von Kindern und Jugendlichen mit Zuwanderungs- und Fluchterfahrung. Vgl. z.B. Hesse, Hermann-Günter und Kerstin Göbel (2009): Mehrsprachigkeit als Kapital: Ergebnisse der DESI Studie. In: Gogolin, Ingrid und Ulrike Neumann (Hrsg.): Streitfall Zweisprachigkeit – The Bilingualism Controversy. Wiesbaden: VS Verlag für Sozialwissenschaften. S. 281-287. Zur Mehrsprachigkeit siehe „Was bedeutet ‚Mehrsprachigkeit'? In: Europarat. Rat für kulturelle Zusammenarbeit (2001): Gemeinsamer europäischer Referenzrahmen für Sprachen: lernen, lehren, beurteilen. Berlin: Langenscheidt. S. 17; Reimann, Daniel (2015): Aufgeklärte Mehrsprachigkeit. In: Der fremdsprachliche Unterricht. Spanisch. Heft 51, S. 4-11.

[20] Zur vertieften Lektüre siehe Gooskens, Charlotte und Vincent J. Van Heuven (2016): Receptieve meertaligheid in Europa. In: Levende Talen Magazine, 8. S. 4-9.

[21] Die Differenzierungsangebote entsprechen den von Schinschke und Junghanns formulierten Kriterien für Differenzierungsmaßnahmen im Fremdsprachenunterricht. Vgl. Schinschke, Andrea und Christine Junghanns (2015): Wie differenzieren? Praxis Fremdsprachenunterricht. S. 12-15. Neben den in den Lernaufgaben abgedruckten Optionen der Differenzierung bietet die Lehrkraft in Abhängigkeit von den Bedürfnissen der Lerngruppe weitere Maßnahmen der Differenzierung an, z. B. Differenzierung in der Methode, Sozialform, mithilfe von Medien, nach Lerntyp, Einsatz weiterer (gestufter) Lernhilfen z. B. Einsatz von (Online) Wörterbüchern. Siehe z. B. Müller, Frank (2012): Differenzierung in heterogenen Lerngruppen. Praxisband für die Sekundarstufe I. Schwalbach: Debus Pädagogik Verlag. Oder: Börner, Otfried und Christina Lohmann für The English Academy (2015): Heterogenität und Inklusion. Lernaufgaben im Englischunterricht. Braunschweig: Diesterweg. Zur Rolle von digitalen Medien bzw. Web 2.0-Tools zur Förderung von Differenzierung und Individualisierung im aufgabenorientierten Fremdsprachenunterricht siehe Eisenmann, Maria (2017): Differenzierung und Individualisierung mit

Differenzierungen dienen vor allem dazu, leistungsstärkeren Schülerinnen und Schülern die Möglichkeit zu bieten, ihr Potenzial voll zu nutzen, und leistungsschwächere Schülerinnen und Schüler mit Hilfestellungen oder weniger komplexen Aufgabenstellungen zur Bewältigung der Zielaufgabe bzw. zu Lernerfolgen zu führen.[22] Die Optionen der Differenzierung beschränken sich nicht darauf, Aufgaben in unterschiedlichem Umfang (Länge, Menge) bearbeiten zu lassen. Lernaufgaben nach dem NL-Prinzip integrieren Aufgabenvarianten, die verschiedene Niveaustufen und Neigungen bedienen und möglichst zu den gleichen Teilkompetenzen angeboten werden. Die Aufgabenvarianten beziehen verschiedene Öffnungsgrade bzw. Aufgabenformate (geschlossen, halboffen, offen) ein und decken alle Anforderungsbereiche ab, ohne eine jeweilige Fokussierung auf einen bestimmten Anforderungsbereich.[23] Die differenzierenden Aufgabenoptionen sind dabei so gekennzeichnet, dass das Anspruchsniveau für die Schülerinnen und Schüler offensichtlich ist und ihnen eine eigene Auswahl ermöglicht wird. Die Anordnung der Aufgabenvarianten von höherer Aufgabenschwierigkeit, über mittlere Aufgabenschwierigkeit zur Mindestanforderung für zielgleich Lernende fordert die Lernenden heraus, die Aufgabenvarianten individuell zu prüfen und je nach Schwierigkeitsgrad bzw. Anspruchsniveau die passende Aufgabe für sich auszuwählen. Orientierung bei der Auswahl der passenden Aufgabe kann darüber hinaus eine differenzierte Lernausgangsdiagnose für verschiedene Kompetenzbereiche sein.[24] Die Auswahl kann dann individuell auf Einschätzung der Lehrkraft erfolgen. Wichtig ist, die Schülerinnen und Schüler die Kriterien der Auswahl reflektieren zu lassen, um zunehmend selbstständiges Lernen zu fördern und Erfolgserlebnisse zu ermöglichen.

Leistungsschwächere Lernerinnen und Lerner brauchen mehr Strukturhilfen und mehr und längere Übungsphasen und sind in der Regel erst später in die Lage, Gelerntes frei anzuwenden. Zu diesem Zweck bieten die NL-Lernaufgaben als weitere Differen-

Web 2.0 Tools. In: Chilla, Solveig und Karin Vogt (Hrsg.): Heterogenität und Diversität im Englischunterricht. Fachdidaktische Perspektiven. Frankfurt am Main: Peter Lang. S. 155-178.

[22] Vgl. Kraus, Alexander und Andreas Nieweler (2014): Heterogenität und individuelle Förderung. Ein Plädoyer für mehr Mut. In: Der fremdsprachliche Unterricht. Französisch. Heft 128. S. 2-8. Obwohl die Notwendigkeit zur Differenzierung im Unterricht (inzwischen) unumstritten ist, fehlt es (für den Fremdsprachenunterricht) jedoch (noch) an klaren Konzeptionen und sinnvollen unterrichtspraktischen Vorschlägen, vor allem im Hinblick auf die Leistungsdifferenzierung. Vgl. Schinschke, Andrea und Christine Junghanns (2015): Wie differenzieren? In: Praxis Fremdsprachenunterricht, 2, S. 12-15.

[23] Anforderungsbereich I: Reproduktion, Wiedergabe, Anwendungen; Anforderungsbereich II: Reorganisation, komplexe Anwendungen, Analyse, Transfer; Anforderungsbereich III: Bewerten, Reflektieren; vgl. Kommentierung Unterrichtsbeobachtungsbogen; Qualitätsanalyse NRW, www.schulministerium.nrw.de /docs/Schulentwicklung/Qualitaetsanalyse/Download-Materialien-Qualitaetsanalyse/ Qualitaetsanalyse-Allgemein/Kommentar-zum-UBB-MSB.pdf Stand 20.07.2017 (03.11.2017).

[24] Vgl. Diagnosebögen zu verschiedenen Kompetenzbereichen sowie nach GeR-Niveau in: Hobbelink, Digna und Nicole Lücke (2018): Diagnostizieren, fördern und evaluieren im kompetenzorientierten Niederländischunterricht – Hilfen für eine zielsprachige Unterrichtspraxis. Niederländischunterricht konkret – Band 2. Münster: agenda.

zierungsoption Scaffolding-Angebote, die die Schülerinnen und Schüler darin unterstützen, neue Inhalte, Konzepte und Fähigkeiten sprachlich und fachlich zu erschließen und die nächsthöhere Kompetenzstufe zu erreichen.[25] Die Unterstützungsangebote werden in den Lernaufgaben unter anderem in Form von Wörterlisten, Satzanfängen, Satzmustern oder Modelltexten realisiert, die zugleich zum Erwerb der Bildungssprache beitragen.[26] Neben einem für alle Schülerinnen und Schüler verbindlichen Kernbereich (auch Fundamentum genannt) halten die Lernaufgaben für lernstärkere bzw. besonders motivierte Schülerinnen und Schüler jeweils herausfordernde, vertiefende Aufgaben (Additum) bereit, die auf höherem kognitiven Niveau liegen und komplexere Inhaltskompetenzen aufweisen.

Bei allen Differenzierungsoptionen darf das soziale Lernen in der Klassengemeinschaft nicht ins Hintertreffen geraten. Die Ergebnisse des individuellen Arbeitens sind daher sinnvoll zusammenzuführen.[27]

Im NL-Lernaufgaben-Prinzip wird dieser Phase, der *pre-task*-Phase, ein erhöhter Stellenwert eingeräumt, um die Sprachaufnahme und -verarbeitung – auch im Hinblick

[25] Der Begriff des Scaffoldings (engl. „Baugerüst“) wird nicht einheitlich verwendet. Scaffolding ist grundsätzlich mehr als lediglich ein Arbeitsblatt mit Lernhilfen. Nach Gibbons setzt sich der Scaffolding-Ansatz aus den vier Bausteinen Bedarfsanalyse, Lernstandsanalyse, Unterrichtsplanung und Unterrichtsinteraktion zusammen. Gibbons (2009: 15) beschreibt Scaffolding wie folgt: "This sociocultural approach to learning recognizes that with assistance, learners can reach beyond what they can do unaided, participate in new situations, and take on new roles. [...] This assisted performance is encapsulated in Vygotsky's notion of the zone of proximal development, or ZPD, which describes the 'gap' between what learners can do alone and what they can do with help from someone more skilled. This situated help is often known as 'scaffolding'". Vgl. auch Kniffka, Gabriele (2010): Scaffolding. Internetpublikation unter www.uni-dui.de/prodaz (03.11.2017). In den hier vorgelegten Lernaufgaben werden Unterstützungsangebote als Scaffolding ausgewiesen und mit einem entsprechenden Symbol kenntlich gemacht – im Bewusstsein, dass Scaffolding mehr ist als lediglich ein Arbeitsblatt mit Lernhilfen. Didaktische Konzepte und Umsetzungsbeispiele für den Fremdsprachenunterricht siehe: Der fremdsprachliche Unterricht. Englisch. Scaffolding. Heft 126, 2013.

[26] Zur Unterscheidung von Alltagssprache (auch: BICS für *Basic Interpersonal Communicative Skills*) und Bildungssprache (auch: CALP für *Cognitive Academic Language Proficiency*, nach Cummins 2000) im Unterricht siehe u.a.: Leisen, Josef (2017): Sprachsensibler Fachunterricht: Doppelte Sprachhürden. In: Bildung & Wissenschaft, 4. S. 22-23. Zur vertieften Lektüre siehe Beese, Melanie, Benholz, Claudia, Chlosta, Christoph et al. (2014): Sprachbildung in allen Unterrichtsfächern. DLL 16. Langenscheidt: München. Im Niederländischen wird für Alltagssprache die Bezeichnung *Dagelijks Algemeen Taalgebruik* (DAT) (auch: *thuistaal* oder *informeel taalgebruik*) und für Bildungssprache die Bezeichnung *Cognitief Abstract Taalgebruik* (CAT) (auch: *schooltaal* oder *formeel taalgebruik*) verwendet. Vgl. z. B. Claessen, Jente (2017): Van DAT naar CAT. Van informeel naar formeel Engels in schrijftaken. In: Levende Talen Tijdschrift, 18 (1). S. 24-33.

[27] Lindemann, Lehrerin und Leiterin an einer Schule mit dem Förderschwerpunkt Lernen, berichtet von ihrer Erfahrung während einer Hospitation im Englischunterricht in der Sekundarstufe I an einer Regelschule. Dort nahm eine Schülerin mit dem Förderschwerpunkt Lernen am Unterricht teil, hatte aber nicht teil. Lindemann, Beate 2012, 1, Praxis Fremdspracheunterricht, S. 15-16: „Um eine wirkliche Teilhabe zu erreichen, ist bei der Planung von Unterrichtsarrangements ein individuelles, sehr differenziertes Lernangebot für alle Schüler zu entwickeln, das den Aspekt der Gemeinsamkeit berücksichtigt. Dabei ist die Erkenntnis wichtig, dass es für die Schülergruppe lernbehinderter Kinder in erster Linie darum geht, ihren individuellen Leistungsstand zu verbessern und gemeinsam mit Regelschülern eine Fremdsprache zu erlernen.“

auf sprachliche Strukturen – möglichst intensiv zu gestalten.[28] Alle Aktivitäten sind auf die erfolgreiche Bearbeitung der Zielaufgabe fokussiert.

IV. Zielaufgabe ausführen: Haben die Schülerinnen und Schüler die Aufgaben in der Lehr-Lern-Phase A auf unterschiedlichen Lernwegen und in unterschiedlichem Umfang bearbeitet, sind sie in der Lage, die Zielaufgabe ◎ weitgehend selbstständig und selbstkontrollierend auszuführen. Optionen der Differenzierung existieren auch hier. Für zieldifferent oder / und zeitversetzt[29] Lernende wird jeweils eine alternative Zielaufgabe angeboten, die sich grundsätzlich am „Gemeinsamen Gegenstand" orientiert und die produktiven Kompetenzen Sprechen und Schreiben schult.[30] Es ist nicht erforderlich – und zudem fern der (aktuellen) Arbeitsrealität von Lehrerinnen und Lehrern – für alle Förderschwerpunkte eine zieldifferente bzw. für alle Förderbedarfe eine differente Option abzubilden. Eine kompetente Lehrkraft kennt ihre Lerngruppe, und zwar einschließlich der zieldifferent Lernenden, und verfügt über ein Repertoire zur differenzierten Kompetenzerweiterung. Unterricht in inklusiven und damit sehr heterogenen Lerngruppen ist nur über Differenzierung und Individualisierung zu realisieren.[31] Diese Auffassung wird gestützt von einer Auslegung von inklusivem Unterricht, der sich prinzipiell nicht vom Unterricht an „herkömmlichen" Schulen unterscheidet und Inklusion im Allgemeinen als eine Frage von Differenzierung betrachtet.[32] In der Diskussion zur Umsetzung inklusiven Unterrichts[33] werden Merkmale bzw. Qualitäts-

[28] Der systematischen Spracharbeit und der Lehrerrolle wird damit – im Einklang mit dem *Task-Supported Language Learning*-Ansatz – ein größeres Gewicht zugesprochen als im *Task-Based Language Teaching*-Ansatz, bei dem die Erarbeitung der kommunikativen Aufgabe in weitgehender Eigentätigkeit der Schülerinnen und Schüler im Vordergrund steht. Nold (2015: 419) führt hierfür die empirischen Ergebnisse der Videostudie in DESI an. Zur DESI-Studie vgl. Helmke, Tuyet et al. (2008): Die Videostudie des Englischunterrichts. In: DESI-Konsortium (Hrsg.): Unterricht und Kompetenzerwerb in Deutsch und Englisch. Weinheim und Basel: Beltz. S. 345-363.

[29] Schäfer (2014) weist zu Recht kritisch darauf hin, dass alle Schülerinnen und Schüler ungeachtet unterschiedlicher Lerntypen, Intelligenzen und Lernvoraussetzungen in (heterogenen) Lerngruppen zur gleichen Zeit die gleiche Aufgabe erhalten. Schäfer, Ulla (2014): Englischunterricht für Schülerinnen und Schüler mit Lernschwierigkeiten. In: Bartosch, Roman und Andreas Rohde (Hrsg.): Im Dialog der Disziplinen. Englischdidaktik, Förderpädagogik, Inklusion. Trier: Wissenschaftlicher Verlag. S. 45-62, hier: S. 49. Wenn die Erkenntnis, dass ein Lernen im Gleichschritt den Anforderungen der (heterogenen) Realität nicht entspricht, im schulischen Kontext berücksichtigt werden soll, bedarf es eines entschiedenen Umdenkens in verschiedenen Dimensionen.

[30] Beim Lernen mit ADS-Kindern werden u.a. Lernwege ohne Schreiben empfohlen, siehe Born, Armin und Claudia Oehler (2015): Lernen mit ADS-Kindern. Ein Praxisbuch für Eltern, Lehrer und Therapeuten. Stuttgart: Kohlhammer. (Allgemeine Tipps vgl. S. 51-55).

[31] Fachdidaktische Entscheidungen für gelingenden inklusiven Englischunterricht vgl. Springob, Jan (2017): Inklusiver Englischunterricht am Gymnasium. Evidenz aus der Schulpraxis im Spiegel von Spracherwerbstheorie und Fremdsprachendidaktik. Frankfurt am Main: Peter Lang. S. 347. Springob nennt u. a. folgende Rahmenbedingungen als Best-Practice-Beispiele für einen gelingenden inklusiven Englischunterricht: Unterrichtsplanung und -durchführung im Team, konsequentes Classroom-Management, Zusammenarbeit in multiprofessionellen Teams, Unterstützung durch die Schulleitung, ein zweiter Klassenraum. S. 346.

[32] vgl. u.a. Davis & Florian 2004, Korff 2014, Kullmann, Lütje-Klose & Textor 2014.

[33] vgl. Moser & Redlich 2011, Werning & Avici-Werning 2015: 71ff.

bereiche guten Unterrichts herangezogen.[34]

V. Lernen evaluieren: Die Evaluation des Kompetenzerwerbs ist – im Gegensatz zu Hallets Modell der komplexen Kompetenzaufgabe – wesentlicher und unmittelbarer Bestandteil des NL-Lernaufgabenprinzips. Zentrales Merkmal der Lernevaluation ist die regelmäßige Reflexion des Lernfortschritts in Bezug auf die Kompetenzziele. Sowohl die Lerngruppe als auch jedes Lernindividuum reflektiert den Soll- und Ist-Stand. In heterogenen Lerngruppen kann es hinsichtlich der intendierten Lernziele große Unterschiede geben. Die Gleichheit der Lösungen ist folglich nicht intendiert.[35] Die Schülerinnen und Schüler zeigen ihre Ergebnisse[36], um dazu Rückmeldungen zu erhalten, die konkrete Hinweise und Perspektiven für das Weiterlernen eröffnen. Die Lehrkraft nutzt diese Phase intensiv, um die Aufmerksamkeit der Lerner auf sprachliche Strukturen zu lenken, die sich als fehlerhaft erwiesen haben, und bietet entsprechende Übungen zur Festigung an.[37]

Lehrkraft: Das NL-Lernaufgaben-Prinzip schließt nicht an Auffassungen von einer ausschließlich materialen Steuerung durch die Lernaufgabe[38] an, sondern betont unter Rückbezug auf aktuelle internationale Forschungsergebnisse die aktiv-unterstützende Rolle der Lehrperson im unterrichtlichen Lehr-Lern-Prozess. Dabei führt die Lehrperson in Interaktion mit den Lernenden zu zunehmend freieren Übungs- und Anwen-

[34] Mitchell (2014) beschreibt insgesamt 27 erfolgreiche, evidenzbasierte Strategien für inklusiven Unterricht und macht damit die Bandbreite zum Umgang mit Heterogenität in inklusiven Lerngruppen deutlich. Dazu gehören z. B. kooperatives Lernen, selbstregulierendes Lernen, reziprokes Lesen, informationshaltiges Feedback, gutes Klassenklima.
Die Forschungslage zu spezifischen Unterrichtskonzepten zur Förderung von Schülerinnen und Schülern mit Lernbeeinträchtigungen ist in verschiedenen Forschungsreviews und Meta-analysen dargestellt worden, vgl. Swanson & Sachse-Lee 2001; Therrien, Zaman & Banda 2010.
Zum inklusiven Fremdsprachenunterricht siehe Brize, Nadja (2016): Englisch in Inklusionsklassen unterrichten. Fachspezifische Unterrichtsplanung und -durchführung. Hamburg: Persen; Springob, Jan (2017): Inklusiver Englischunterricht am Gymnasium. Evidenz aus der Schulpraxis im Spiegel von Spracherwerbstheorie und Fremdsprachendidaktik. Frankfurt am Main: Peter Lang; Haß, Frank und Werner Kieweg (2012): I can make it! Englischunterricht für Schülerinnen und Schüler mit Lernschwierigkeiten. Klett, Kallmeyer.

[35] Bei der Kommentierung durch die Lehrkraft kann eine Orientierung an der individuellen Bezugsnorm eine wesentliche Rolle bei der Rückmeldung spielen.

[36] Ggf. wurde das Handlungsprodukt der Zielaufgabe bereits in der vorangegangenen Phase präsentiert. Die Lernenden haben (dann) die Option, ihre Zielaufgabe in dieser Phase nochmals auszuführen („opportunity for a repeat performance of the task“, Ellis 2003: 258-260).

[37] Fehlerschwerpunkte können deutlich variieren und sind nicht vorhersehbar. In den hier abgedruckten Lernaufgaben sind daher keine Übungen zu sprachlichen Formen und Strukturen enthalten. In allen Phasen des Lehr-Lern-Prozesses sind je nach Bedarf Übungen zu integrieren. Vgl. auch Schinke, Simone und Wolfgang Steveker (2013): Lernaufgaben im Spanischunterricht. In: Der fremdsprachliche Unterricht. Spanisch. Heft 11, S. 4-13. Praxisrelevante Hinweise zur Ergebnissicherung siehe Brumsack, Elfriede (2014): Ergebnissicherung in heterogenen Lerngruppen. Berlin: Cornelsen Scriptor.

[38] Leisen (2010b: 9) gibt an, dass „die Steuerung des Lernprozesses von der Lehrkraft an die Lernaufgabe abgegeben“ wird. Leisen (2015: 14-17) spricht von einer materialen Steuerung. Ferner führt er aus, der Lehrperson komme auch eine prozessbegleitende Rolle zu, die „regelt und steuert.“ Leisen 2010b: 11.

dungsformen.[39] Van den Branden et al. (2007) ermitteln auf der Grundlage langjähriger Unterrichtsforschung professionsbezogene Kompetenzen in den folgenden drei Handlungsfeldern: Entwicklung bedeutungsvoller Aufgaben, Schaffen einer lernförderlichen Atmosphäre sowie einer unterstützenden Interaktion. Auch modernere Konzepte von Klassenführung zeigen, dass wirkungsvolle Klassenführung getragen wird von einem Zusammenspiel der Führung des Lehrenden und der Selbstführung der Lernenden, und zwar in den drei Handlungsfeldern: Lern-Umgebung, Lern-Gemeinschaft und Lern-Arrangement. Die Arbeit in den einzelnen Handlungsfeldern kann ihre Wirkung nicht separat entfalten (vgl. Bastian 2016: 6-9).[40]
Dem NL-Lernaufgaben-Prinzip liegt die Auffassung zugrunde, dass die Lehrperson im fremdsprachlichen Lehr-Lern-Prozess eine bedeutende Rolle einnimmt, vor allem in ihrer Funktion als fremdsprachliches Vorbild und in ihrer Funktion als prozess- und ergebnisorientiertem Initiator bereits vorhandener Fremdsprachenkompetenz und Fremdsprachenlernkompetenz. Die Lehrperson trägt Verantwortung für die sprachliche Richtigkeit der Unterrichtsmaterialien und unterstützt die sprachliche Korrektheit in allen unterrichtlichen Phasen. Sie kann eine positive Lernatmosphäre unterstützen, indem sie Möglichkeiten der positiven Verstärkung nutzt, Fehler für den Lernprozess konstruktiv aufgreift und einen wertschätzend-respektvollen Umgang fördert. Im Allgemeinen sind Fehlerkorrekturen situationsangemessen anzulegen und können beispielsweise zeitlich nachgelagert, spielerisch und ohne explizites Zutun der Lehrkraft erfolgen.

Merkmale und eine Phasierung von Lernaufgaben nach dem NL-Prinzip lassen sich zusammenfassend wie folgt darstellen.[41]

[39] Auch in den Phasen angeleiteten und selbstständigen Übens ist die Lehrperson gemäß dem Ansatz der Direkten Instruktion (vgl. Hattie 2009: 297, Hattie / Zierer 2017: 91) stets mehr oder weniger aktiv, um, falls erforderlich, Hilfestellung zu geben und so Leerlauf zu vermeiden. Vgl. De Florio-Hansen, Inez (2017): Unterrichtseinheiten Französisch für die Praxis. Tübingen: Narr Francke Attempto. S. 20.

[40] Zur weiteren Lektüre empfohlen: Lipowski, Frank und Miriam Lotz (2015): Ist Individualisierung der Königsweg zum Lernen? Eine Auseinandersetzung mit Theorien, Konzepten und empirischen Befunden. In: Mehlhorn, Grit et al. (Hrsg.): Begabungen entwickeln & Kreativität fördern. München: kopaed. S. 155-219.

[41] Das NL-Lernaufgaben-Prinzip berücksichtigt im Wesentlichen die für die Qualitätsanalyse NRW ausgewiesenen Merkmale bzw. Indikatoren guten Unterrichts. Merkmalsübersichten bzw. Kriterienkataloge können als Checkliste bei der Entwicklung eigener oder zur Prüfung bestehender Lernaufgaben dienen. Phasierungsmodelle tragen zur Transparenz von Lehr-Lern-Prozessen bei.

Lernaufgaben nach dem NL-Prinzip:

- fördern die Entwicklung niederländischsprachiger Kommunikationsfähigkeit durch **zielsprachige Interaktion**;
- sind **sprachen- und sprachlernintegrativ**, d. h. sie fördern die Sprach(en)reflexion, nutzen den Vergleich als Brücke und Lernhilfe zwischen Sprachen sowie die besonderen Kenntnisse und Fähigkeiten Tertiärsprachenlernender und - soweit möglich - die etymologische Verwandtschaft des Niederländischen mit zuvor gelernten Sprachen;
- beziehen sich auf realitätsnahe, lebensweltlich relevante und somit **lernerorientierte Themen**;
- sind **adressaten- und situationsbezogen**, d. h. die Art der Sprachverwendung in der Lernaufgabe entspricht dem Kommunikationsverhalten außerhalb des Klassenzimmers;
- ermöglichen **kulturelle Lernprozesse**, d. h. die Schülerinnen und Schüler lernen die Fremdsprache kulturell adäquat einzusetzen und entwickeln die Fähigkeit zur kritischen Bewertung fremd- und eigenkultureller Sichtweisen, Praktiken und Produkte;
- sind **inhaltsbezogen**, das bedeutet, dass die Spracharbeit im Wesentlichen dienende Funktion hat und aus einem kommunikativen Bedürfnis und Interesse auf Seiten der Lernenden resultiert;
- werden anhand möglichst **authentische**r **Texte, Materialen und (digitale**r**) Medien** ausgeführt;
- enthalten **Maßnahmen zur Differenzierung und Individualisierung,** die unterschiedliche Lernausgangslagen und Lernpotenziale in (fremd-) sprachlicher, kultureller, psychologischer und sozialer Hinsicht berücksichtigen, u.a. durch den systematischen Erwerb der Bildungssprache;
- sind **lernproduktorientiert**, d. h. sie steuern Lernsituationen mit einem möglichst konkreten Ergebnis bzw. Handlungsprodukt, welches das Geleistete sichtbar macht;
- integrieren Phasen des **individuell**en und gemeinsamen bzw. **kooperativ**en Lernens;
- sind (sprach)**lernprozessorientiert** zur Förderung der selbstständigen Lern- und Sprach(en)bewusstheit, d. h. vor allem bieten sie Reflexionsphasen zur Selbst- und Peer-Diagnose sowie zur Selbst- und Peer-Evaluation.

Merkmale von Lernaufgaben nach dem NL-Prinzip (erweitert nach N. Lücke 2014: 230)

Phasierungsmodell: Das NL-Lernaufgaben-Prinzip

I. **Aufgaben-Konstruktion**	II. **Aufgaben-Instruktion**	Lehr-Lern-Phase **A** **III. Kompetenzen anbahnen**	Lehr-Lern-Phase **B** **IV. Zielaufgabe ausführen**	Lehr-Lern-Phase **C** **V. Lernen evaluieren**
✓ Lernausgangsdiagnose: Ermitteln des Vorkenntnisstands der Lernenden ✓ Festlegen des angestrebten Lernzuwachses unter Berücksichtigung curricularer Vorgaben ✓ Antizipieren von notwendigen kognitiven, (fremd-)sprachlich-diskursiven und interaktionalen Schrittfolgen zur Zielerreichung ✓ Entwickeln eines herausfordernden und kognitiv aktivierenden Lehr-Lern-Prozesses unter Berücksichtigung der Merkmale nach dem NL-Lernaufgaben-Prinzip	✓ Verständigung und Transparenz über die Zielaufgabe, insb. in Bezug auf: - situativ-thematischen Kontext - Handlungsprodukt (Schwerpunktkompetenz(en) und Zieltextformat) - Adressat/in	✓ Systematisches Anbahnen von Schwerpunktkompetenz(en) und Zieltext mittels differenzierender Aufgaben- und Übungsangebote unter Rückgriff auf inhaltliche und methodische (Sprachlern-) Erfahrungen und Vorkenntnisse ✓ Reaktivieren sprachlicher Mittel und systematische, vernetzende Spracharbeit, inklusive Förderung von Bildungssprache	✓ möglichst selbstgesteuertes und -kontrollierendes Erarbeiten der Zielaufgabe unter Anwendung geeigneter Strategien	✓ Kriteriengestütztes Präsentieren und Evaluieren des Handlungsprodukts ✓ Fokussieren sprachlicher Mittel und Formen und bei Bedarf Unterstützung durch zusätzliche Übungen ✓ Überarbeiten des Handlungsprodukts ✓ Ergebnissicherung (insb. Endversion des Handlungsprodukts) ✓ Reflektieren von Lern- und Arbeitsprozessen ✓ Ableiten von konkreten Folgerungen für die (individuelle) weitere Lernarbeit

Für alle Phasen hält Band 2 zielsprachige Praxishilfen bereit: Hobbelink, Digna und Nicole Lücke (2018): Diagnostizieren, fördern und evaluieren im kompetenzorientierten Niederländischunterricht – Hilfen für eine zielsprachige Unterrichtspraxis. Niederländischunterricht konkret – Band 2. Münster: agenda.

Literaturverzeichnis

ALTRICHTER, Herbert und Peter POSCH (2007): Lehrerinnen und Lehrer erforschen ihren Unterricht – Unterrichtsentwicklung und Unterrichtsevaluation durch Aktionsforschung. Vierte Auflage. Bad Heilbrunn: Julius Klinkhardt.

BASTIAN, Johannes (2016): Klassenführung. Zur Gestaltung eines Rahmens für lernförderliche Arbeitsbedingungen – partizipativ kooperativ und individuell. In: Pädagogik 1 (2016) – Klassenführung. S. 6-9.

BAUMERT, Jürgen und Mareike KUNTER (2006): Stichwort: Professionelle Kompetenz von Lehrkräften. Zeitschrift für Erziehungswissenschaft, 9 (4). S. 469-520.

BECHTEL, Mark (2015): Das Konzept der Lernaufgabe im Fremdsprachenunterricht. In: Ders. (Hrsg.): Fördern durch Aufgabenorientierung: Bremer Schulbegleitforschung zu Lernaufgaben im Französisch- und Spanischunterricht der Sekundarstufe I. Frankfurt am Main: Peter Lang. S. 43-82.

BELLENBERG, Gabriele (2003): Ausbildung von Lehrerinnen und Lehrern in Deutschland. Wiesbaden: Springer. S. 45-46.

BERTHELE, Raphael, COLLIANDER, Peter, DUKE, Janet et al. (2011): Zu den Grenzen des EuroCom-Konzeptes für EuroComGerm – Zwischenfazit. In: Pöckl, Wolfgang Ohnheiser, Ingeborg und Peter Sandrini (Hrsg.): Translation – Sprachvariation – Mehrsprachigkeit: Festschrift für Lew Zybatow zum 60. Geburtstag. Frankfurt am Main u.a.: Peter Lang. S. 483-498.

BIAL, Jessica (2013): Lerneffektiv unterrichten – konstruktiv evaluieren. In: Praxis Fremdsprachenunterricht Französisch, 10 (4). S. 4-8.

BIEDERSTÄDT, Wolfgang (2016): Welche Möglichkeiten der summativen Leistungsmessung im differenzierenden Englischunterricht der Sekundarstufe I gibt es? In: Doff, Sabine (Hrsg.): Heterogenität im Fremdsprachenunterricht. Impulse – Rahmenbedingungen – Kernfragen – Perspektiven. Tübingen: Narr. S. 135-151.

BLÜMEL-DE VRIES, Katrin (2014): Vielfältig diagnostizieren. Ein Überblick über Diagnoseinstrumente. In: Praxis Fremdsprachenunterricht Basisheft, 11 (4). S. 12-15.

BOHL, Thorsten, DRÜKE-NOE, Christina, HOPPE, Henriette et al. (2015): Was bringt diese Aufgabe? Lehrerinnen und Lehrer analysieren das kognitive Potenzial von Aufgaben. In: Pädagogik 5 (2015) – Kognitiv aktivieren. S. 28-31.

BORN, Armin und Claudia OEHLER (2015): Lernen mit ADS-Kindern. Ein Praxishandbuch für Eltern, Lehrer und Therapeuten. Stuttgart: Kohlhammer.

BÖRNER, Otfried und Christina LOHMANN für The English Academy (2015): Heterogenität und Inklusion. Lernaufgaben im Englischunterricht. Braunschweig: Diesterweg.

BRIZE, Nadja (2016): Englisch in Inklusionsklassen unterrichten. Fachspezifische Unterrichtplanung und -durchführung. Hamburg: Persen.

BRUMSACK, Elfriede (2014): Ergebnissicherung in heterogenen Lerngruppen. Berlin: Cornelsen.

CASPARI, Daniela (2011): Lernaufgaben und Lehrwerke – ein Wiederspruch? Betrachtungen aus Sicht des Französischunterrichts. In: Reinfried, Marcus und Nicola Rück (Hrsg.): Innovative Entwicklungen beim Lernen und Lehren von Fremdsprachen. Festschrift für Inez De Florio-Hansen. Tübingen: Narr Francke Attempto. S. 331-344.

CASPARI, Daniela und Karin KLEPPIN (2008): Lernaufgaben. Kriterien und Beispiele. In: Tesch, Bernd, Leupold, Eynar und Olaf Köller (Hrsg.): Bildungsstandards Französisch: konkret. Sekundarstufe I. Grundlagen, Aufgabenbeispiele und Unterrichtsanregungen. Berlin: Cornelsen Scriptor. S. 88-148.

CLAESSEN, Jente (2017): Van DAT naar CAT. Van informeel naar formeel Engels in schrijftaken. In: Levende Talen Tijdschrift, 18 (1). S. 24-33.

CUMMINS, James (2000): Language, Power and Pedagogy. Bilingual Children in de Crossfire. Clevedon u.a.: Multilingual Matters.

DAVIS, Pauline, FLORIAN, Lani (2004): Teaching strategies and approaches for pupils with special educational needs. A scoping study. Colegate/ Norwich: Queen's Printer.

DE FLORIO-HANSEN, Inez (2017): Unterrichtseinheiten Französisch für die Praxis. Tübingen: Narr Francke Attempto.

DE FLORIO-HANSEN, Inez (2014): Fremdsprachenunterricht lernwirksam gestalten. Mit Beispielen für Englisch, Französisch und Spanisch. Tübingen: Narr Francke Attempto.

DOFF, Sabine (2016): Heterogenität im Fremdsprachenunterricht. Impulse – Rahmenbedingungen – Kernfragen – Perspektiven. Tübingen: Narr Francke Attempto.

EISENMANN, Maria (2017): Differenzierung und Individualisierung mit Web 2.0 Tools. In: Chilla, Solveig und Karin Vogt (Hrsg.): Heterogenität und Diversität im Englischunterricht. Fachdidaktische Perspektiven. Frankfurt am Main u.a.: Peter Lang. S. 155-178.

ELLIS, Rod (2003): Task-based language learning and teaching. Oxford: Oxford University Press.

EUROPARAT (Hrsg.) (2001): Rat für kulturelle Zusammenarbeit: Gemeinsamer europäischer Referenzrahmen für Sprachen: lernen, lehren, beurteilen. Berlin: Langenscheidt.

FUNK, Hermann, KUHN, Christina, SKIBA, Dirk et al. (Hrsg.) (2014): Aufgaben, Übungen, Interaktion. München: Klett-Langenscheidt.

GIBBONS, Pauline (2009): English Learners, Academic Literacy, and Thinking. Portsmouth, NH: Heinemann.

GOGOLIN, Ingrid (2008): Der monolinguale Habitus der multilingualen Schule. Münster u.a.: Waxmann.

GOOSKENS, Charlotte und Vincent VAN HEUVEN (2016): Receptieve meertaligheid in Europa. In: Levende Talen Magazine, 103 (8). S. 4-9.

HALLET, Wolfgang (2012): Die komplexe Kompetenzaufgabe. Fremdsprachige Diskursfähigkeit als kulturelle Teilhabe und Unterrichtspraxis. In: Hallet, Wolfgang und Ulrich Krämer (Hrsg.): Kompetenzaufgaben im Englischunterricht. Grundlagen und Unterrichtsbeispiele. Seelze: Klett, Kallmeyer. S. 8-19.

HALLET, Wolfgang (2013): Die komplexe Kompetenzaufgabe. In: Der fremdsprachliche Unterricht. Englisch, 47 (124). S. 2-8.

HAß, Frank und Werner KIEWEG (2012): I can make it! Englischunterricht für Schülerinnen und Schüler mit Lernschwierigkeiten. Seelze: Klett, Kallmeyer.

HATTIE, John und Klaus ZIERER (2017): Kenne deinen Einfluss! „Visible Learning" für die Unterrichtspraxis. Baltmannsweiler: Schneider.

HATTIE, John (2009): Visible Learning. A synthesis of over 800 meta-analyses relating to achievement. London/ New York: Routledge.

HELMKE, Andreas (2015): Unterrichtsqualität und Lehrerprofessionalität. Diagnose, Evaluation und Verbesserung des Unterrichts. 6. überarbeitete Auflage. Seelze: Klett, Kallmeyer.

HELMKE, Tuyet, HELMKE, Andreas, SCHRADER, Friedrich-Wilhelm et al. (2008): Die Videostudie des Englischunterrichts. In: DESI-Konsortium (Hrsg.): Unterricht und Kompetenzerwerb in Deutsch und Englisch. Weinheim/Basel: Beltz. S. 345-363.

HESSE, Hermann-Günter und Kerstin GÖBEL (2009): Mehrsprachigkeit als Kapital. Ergebnisse der DESI Studie. In: Gogolin, Ingrid und Ulrike Neumann (Hrsg.): Streitfall Zweisprachigkeit – The Bilingualism Controversy. Wiesbaden: VS Verlag für Sozialwissenschaften. S. 281-287.

HOBBELINK, Digna und Nicole LÜCKE (2018): Diagnostizieren, fördern und evaluieren im kompetenzorientierten Niederländischunterricht – Hilfen für eine zielsprachige Unterrichtspraxis. Niederländischunterricht konkret – Band 2. Münster: agenda.

HUBER, Stefan G.: Wirksamkeit von Fort- und Weiterbildung. In: Zlatkin-Troitschanskaia, Olga, Beck, Klaus, Sembill, Detlef et al. (Hrsg.) (2009): Lehrprofessionalität. Bedingungen, Genese, Wirkungen und ihre Messung. Weinheim/Basel: Beltz. S. 451-463.

KIPER, Hanna, MEINTS, Waltraud, PETERS, Sebastian et al. (2010): Lernaufgaben und Lernmaterialien im kompetenzorientierten Unterricht. Stuttgart: Kohlhammer.

KIPER, Hanna, SCHMIT, Stefan, PETERS, Sebastian et al. (2010): Wie lassen sich Aufgaben aus Schulbüchern analysieren? – Ein Überblick. In: Dies. (Hrsg.): Lernaufgaben und Lernmaterialien im kompetenzorientierten Unterricht. Stuttgart: Kohlhammer. S. 145-154.

KNIFFKA, Gabriele (2010): Scaffolding. www.uni-due.de/imperia/md/content/prodaz/scaffolding.pdf (03.11.2017)

KORFF, Natascha (2014): Inklusiver Mathematikunterricht: Herausforderung und Chance für Professionalisierungsprozesse. In: Lichtblau, Michael, Blömer, Daniel, Jüttner, Ann-Kathrin et al.

(Hrsg.): Perspektiven auf inklusive Bildung. Gemeinsam anders lehren und lernen. Jahrbuch Grundschulforschung Bd. 18. Wiesbaden: VS Verlag für Sozialwissenschaften, S.157-169.

KRAUS, Alexander und Andreas NIEWELER (2014): Heterogenität und individuelle Förderung. Ein Plädoyer für mehr Mut. In: Der fremdsprachliche Unterricht. Französisch, 48 (128). S. 2-8.

KULLMANN, Harry, LÜTJE-KLOSE, Birgit und Anette TEXTOR (2014): Eine Allgemeine Didaktik für inklusive Lerngruppen – fünf Leitprinzipien als Grundlage eines Bielefelder Ansatzes der inklusiven Didaktik. In: Amrhein, Bettina, Dziak-Mahler, Myrle (Hrsg.): Fachdidaktik inklusiv. Auf der Suche nach didaktischen Leitlinien für den Umgang mit Vielfalt in der Schule. Münster: Waxmann, S. 89-107.

KULTUSMINISTERKONFERENZ (Hrsg.) (2017): Ländergemeinsame inhaltliche Anforderungen für die Fachwissenschaften und Fachdidaktiken in der Lehrerbildung. Beschluss der Kultusministerkonferenz vom 16.10.2008 i.d.F. vom 16.03.2017. www.kmk.org/fileadmin/ Dateien/ veroeffentlichungen_beschluesse/2008/2008_10_16-Fachprofile-Lehrerbildung.pdf (03.11.2017)

KULTURMINISTERKONFERENZ (Hrsg.) (2013): Interkulturelle Bildung und Erziehung in der Schule. Beschluss der Kultusministerkonferenz vom 25.10.1996 i. d. F. vom 05.12.2013. www.kmk.org/ fileadmin/Dateien/pdf/Themen/Kultur/1996_10_25-Interkulturelle-Bildung.pdf (03.11.2017).

KUNTER, Mareike, BAUMERT, Jürgen, BLUM, Werner et al. (2011): Professionelle Kompetenz von Lehrkräften. Ergebnisse des Forschungsprogramms COACTIV. Münster: Waxmann.

LEISEN, Josef (2017a): Herausforderung annehmen und Lernprozesse durch Aufgaben wirksam steuern. In: SchVw spezial 1 (2017). S. 4-9.

LEISEN, Josef (2017b): Sprachsensibler Fachunterricht: Doppelte Sprachhürden. In: Bildung & Wissenschaft, 4. S. 22-23.

LEISEN, Josef (2015): Lernumgebung und Lernschritte durch Moderation steuern. Wie man „anders" im Unterricht kommunizieren kann. In: Pädagogik 11 (2015) – Gespräche und Konferenzen führen. S. 14-17.

LEISEN, Josef (2011): Kompetenzorientiert unterrichten. Fragen und Antworten zu kompetenzorientiertem Unterricht und einem entsprechenden Lehr-Lern-Modell. In: Unterricht Physik. 123/124. S. 4-10.

LEISEN, Josef (2010a): Lernaufgaben als Lernumgebung zur Steuerung von Lernprozessen. In: Kiper, Hanna, Meints, Waltraud, Peters, Sebastian et al. (Hrsg.): Lernaufgaben und Lernmaterialien im kompetenzorientierten Unterricht. Stuttgart: Kohlhammer. S. 60-67.

LEISEN, Josef (2010b): Lernprozesse mithilfe von Lernaufgaben strukturieren. Informationen und Beispiele zu Lernaufgaben im kompetenzorientierten Unterricht. In: Unterricht Physik. 117/118. S. 9-13.

LERSCH, Rainer (2007): Kompetenzfördernd unterrichten. 22 Schritte von der Theorie zur Praxis. In: Pädagogik 12 (2007) – Umgang mit Heterogenität. S. 39-43.

LEUPOLD, Eynar (2008): A chaque cours suffit sa tâche? Bedeutung und Konzeption von Lernaufgaben. In: Der fremdsprachliche Unterricht. Französisch, 42 (96). S. 2-8.

LEWIN, Kurt (1946): Action research and minority problems. In: Resolving social conflicts: Selected papers on group dynamics. New York: Harper & Brothers. S. 201-216.

LINDEMANN, Beate (2012): So könnte es gehen! Inklusiver Englischunterricht. In: Praxis Fremdsprachenunterricht Basisheft, 9 (1). S. 15-16.

LÜCKE, Nicole (2014): Lernaufgaben konzipieren. In: Wenzel, Veronika (Hrsg.): Fachdidaktik Niederländisch. Münster: LIT-Verlag. S. 227-237.

MARX, Nicole (2016): Lernen von zweiten und weiteren Fremdsprachen im Sekundarschulalter. In: Burwitz-Melzer, Eva, Mehlhorn, Grit, Riemer, Claudia et al. (Hrsg.): Handbuch Fremdsprachenunterricht. 6., völlig überarbeitete und erweiterte Auflage. Tübingen: Narr Francke Attempto. S. 295-300.

MARX, Christian, GOEZE, Annika und Josef SCHRADER (2014): Pädagogisch-psychologisches Wissen zur Gestaltung von Lehr/Lernsituationen: (Wie) Unterscheidet es sich in Erwachsenenbildung/ Weiterbildung und Schule? In: Hessische Blätter für Volksbildung, 64 (3). S. 238-251.

MINISTERIUM FÜR SCHULE UND BILDUNG DES LANDES NORDRHEIN-WESTFALEN (Hrsg.): Kommentierung Unterrichtsbeobachtungsbogen; Qualitätsanalyse NRW. www.schulministerium.nrw.de/docs

/Schulentwicklung/ Qualitaetsanalyse/Download-MaterialienQualitaetsanalyse/Qualitaetsanalyse-Allgemein/Kommentar-zum-UBB-MSB.pdf (Stand: 20.07.2017; 03.11.2017)

MITCHELL, David (2014): What Really Works in Special and Inclusive Education. Using Evidence-Based Teaching Strategies. London/New York: Routledge.

MOSER, Vera und Hubertus REDLICH (2011): Qualitätsmaßstäbe für inklusive Schulen. Zur Notwendigkeit von Qualitätsmaßstäben für inklusive Schulentwicklungen. In: Lernende Schule, 14 (55), S. 9-12.

MÜLLER, Frank (2012): Differenzierung in heterogenen Lerngruppen. Praxisband für die Sekundarstufe I. Schwalbach: Debus Pädagogik.

MÜLLER-HARTMANN, Andreas und Marita SCHOCKER (2016): Aufgabenorientierung. In: Burwitz-Melzer, Eva, Mehlhorn, Grit, Riemer, Claudia et al. (Hrsg.): Handbuch Fremdsprachendidaktik. 6., völlig überarbeitete und erweiterte Auflage. Tübingen: Narr Francke Attempto. S. 325-330.

MÜLLER-HARTMANN, Andreas und Marita SCHOCKER-VON DITFURTH (2006): Aufgaben bewältigen. Weg und Ziel des Fremdsprachenunterrichts. In: Der fremdsprachliche Unterricht. Englisch 40 (84). S. 2-8.

MÜLLER-HARTMANN, Andreas, SCHOCKER-VON DITFURTH, Marita und Hans ANAND PANT (Hrsg.) (2013): Lernaufgaben Englisch aus der Praxis: Kompetenzentwicklung in der Sek. I; mit zahlreichen Unterrichtsvideos und Materialien auf 3 DVDs. Braunschweig: Diesterweg.

NIEWELER, Andreas (2016): Gute Aufgaben als Lernchance. Task based language learning im Fremdsprachenunterricht. In: Pädagogik 68 (12) – Aufgaben. S. 20-23.

NOLD, Günter (2015): Englisch: Fremdsprachendidaktische Konzepte der Unterrichtsentwicklung. In: Rolff, Hans-Günter (Hrsg.): Handbuch Unterrichtsentwicklung. Weinheim: Beltz. S. 413-424.

NUNAN, David (2004): Task-based language teaching. Cambridge: Cambridge University Press.

OLESCHKO, Sven (2011): Interkomprehension am Beispiel der germanischen Sprachen, www.uni-due.de/imperia/md/content/prodaz/interkomprehension20110412.pdf (03.11.2017)

OLESCHKO, Sven und Helena OLFERT (2014): Förderung von Sprach(lern)bewusstheit und Sprach(lern)-kompetenz durch germanische Interkomprehensionsansätze. In: Morys, Nancy, Kirsch, Claudine, de Saint-Georges, Ingrid und Gérard Gretsch (Hrsg.): Lernen und Lehren in multilingualen Kontexten. Zum Umgang mit sprachlich-kultureller Diversität im Klassenraum. Frankfurt am Main: Peter Lang. S. 31-45.

RALLE, Bernd (2014): Lernaufgaben entwickeln, bearbeiten und überprüfen. Ergebnisse und Perspektiven der fachdidaktischen Forschung. Münster: Waxmann.

REIMAN, Daniel (2015): Aufgeklärte Mehrsprachigkeit. Neue Wege (auch) für den Sprachunterricht, 51. S. 4-11.

ROLFF, Hans-Günter (2015): Handbuch Unterrichtsentwicklung. Weinheim/Basel: Beltz.

ROLFF, Hans-Günter (2015): Formate der Unterrichtsentwicklung und Rolle der Schulleitung. In: Ders. (Hrsg.): Handbuch Unterrichtsentwicklung. Weinheim/Basel: Beltz. S. 12-32.

SCHADER, Basil (2013): Sprachenvielfalt als Chance: Das Handbuch. Hintergründe und 101 praktische Vorschläge für den Unterricht in mehrsprachigen Klassen. Zürich: Orell Füssli. Nachdruck der Ausgabe von 2004. Troisdorf: Bildungsverlag EINS.

SCHÄFER, Ulla (2014): Englischunterricht für Schülerinnen und Schüler mit Lernschwierigkeiten. In: Bartosch, Roman und Andreas Rohde (Hrsg.): Im Dialog der Disziplinen. Englischdidaktik – Förderpädagogik – Inklusion. Trier: WVT. S. 45-62.

SCHEPENS, Job (2015): Bridging linguistic gaps: the effects of linguistic distance on the adult learnability of Dutch as an additional language. Leiden: LOT.

SCHINSCHKE, Andrea und Christine JUNGHANNS (2015): Wie differenzieren? Anforderungen an leistungsdifferenzierende Aufgaben. In: Praxis Fremdsprachenunterricht Basisheft, 12 (2). S. 12-15.

SCHINKE, Simone und Wolfgang STEVEKER (2013): Lernaufgaben im Spanischunterricht. In: Der fremdsprachliche Unterricht. Spanisch, 41. S. 4-13.

SENATSVERWALTUNG FÜR BILDUNG, JUGEND UND WISSENSCHAFT (HRSG.) (2016): Durchgängige Sprachbildung/ Deutsch als Zweitsprache. Fachbrief Nr. 21. März 2016. www.bildungsserver.berlin-brandenburg.de/fileadmin/bbb/unterricht/fachbriefe_berlin/sprachfoerderung/Fachbrief_Sprachfoerderung_DaZ_21.pdf (03.11.2017)

SPRINGOB, Jan (2017): Inklusiver Englischunterricht am Gymnasium. Evidenz aus der Schulpraxis im Spiegel von Spracherwerbstheorie und Fremdsprachendidaktik. Frankfurt am Main: Peter Lang.

SUMMER, Theresa (2016): Tasks und kompetenzorientierte Lernaufgaben. Theoretische Grundlagen und Konzeption für die Praxis. In: Englisch 5 bis 10, 34 (2). S. 28-32.

SWANSON, H. Lee und Carole SACHSE-LEE (2001): Mathematical problem solving and working memory in children with learning disabilities: Both executive and phonological processes are important. In: Journal of Experimental Child Psychology, 79 (3), S. 294–321.

TAFEL, Karin, DURIĆ, Rašid, LEMMEN, Radka et al. (2009): Slavische Interkomprehension. Eine Einführung. Tübingen: Narr Francke Attempto.

THERRIEN, William, ZAMAN, Maliha, BANDA, Devender (2011): How Can Meta-Analyses Guide Practice? A Review of the Learning Disability Research Base. In: Remedial & Special Education, 32 (3), S. 206-218.

THONHAUSER, Ingo (2010): Was ist neu an den Aufgaben im aufgabenorientierten Fremdsprachenunterricht? Einige Überlegungen und Beobachtungen. In: Babylonia, 2010 (3), S. 8-16.

VAN DEN BRANDEN, Kris (2006): Introduction: Task-based language teaching in a nutshell. In: Task-based language education. From theory to practice. Cambridge. S. 1-16.

VYGOTSKY, Lev Semyonovich (1978): Interaction Between Learning and Development. In: Ders. (Hrsg.): Mind in society. The development of higher psychological processes. Cambridge, MA: Harvard University Press. S. 79-91.

WERNING, Rolf und Meltem AVCI-WERNING (2015): Herausforderung Inklusion in Schule und Unterricht. Grundlagen, Erfahrungen, Handlungsperspektiven. Seelze: Klett, Kallmayer.

WILDT, Michael (2014): Lehrerzentrierung versus Schülerzentrierung. Ähnlichkeiten und Unterschiede. In: Lernchancen, 99/100. S. 22-27.

WILLIS, Dave und Jane WILLIS (2007): Doing Task-based Teaching. Oxford u.a.: Oxford University Press.

Empfohlene weiterführende Literatur:

BEESE, Melanie, BENHOLZ, Claudia, CHLOSTA, Christoph et al. (2014): Sprachbildung in allen Unterrichtsfächern. DLL 16. Langenscheidt: München.

CRIBLEZ, Lucien (2016): Aufgabenkultur. Zur bildungspolitischen und historischen Verortung einer (fach-) didaktischen Diskussion. In: Keller, Stefan und Christian Reintjes (Hrsg.): Aufgaben als Schlüssel zur Kompetenz. Didaktische Herausforderungen, wissenschaftliche Zugänge und empirische Befunde. Münster: Waxmann. S. 27-40.

DOBBELSTEIN, Peter, GROOT-WILKEN, Bernd und Saskia KOLTERMANN (Hrsg.) (2017): Referenzsysteme zur Unterstützung von Schulentwicklung. Münster/New York: Waxmann.

FREMDSPRACHEN LEHREN UND LERNEN (1997): Themenschwerpunkt Language Awareness. Tübingen: Narr Francke Attempto.

DER FREMDSPRACHLICHE UNTERRICHT. Englisch. Themenheft Scaffolding. Heft 126, 2013.

HESSE, Ingrid und Brigitte LATZKO (2017): Diagnostik für Lehrkräfte. Opladen: Budrich.

LIPOWSKI, Frank und Miriam LOTZ (2015): Ist Individualisierung der Königsweg zum Lernen? Eine Auseinandersetzung mit Theorien, Konzepten und empirischen Befunden. In: Mehlhorn, Grit et al. (Hrsg.): Begabungen entwickeln & Kreativität fördern. München: kopaed. S. 155-219.

Nicole Lücke

3.2 Hinweise für den Einsatz der Lernaufgaben

Der Auftrag zur Schulentwicklung und Qualitätssicherung wird von Schulen zunehmend ernst genommen und führt vermehrt dazu, dass durch gezielte Unterrichtsentwicklung von innen heraus nachhaltige Innovationen in der Lern- und Schulorganisation erkennbar werden.[1] Für den (Fremdsprachen-)Unterricht fehlt es jedoch an klaren Konzeptionen und überzeugenden unterrichtspraktischen Vorschlägen. Noch immer sind Unterricht und Lehrwerke geprägt von einem Lehr-Lern-Konzept, das Schülerinnen und Schüler nicht adäquat auf komplexe, unvorhersehbare lebensweltliche Diskurse vorbereitet.

Die vorgelegten Lernaufgaben sind praxiserprobt und an die Praxis angepasst. Sie vermögen nicht – und erheben auch nicht den Anspruch darauf – die lebendigen, facettenreichen, widersprüchlichen, oft nur scheinbar gesteuerten Prozesse im Klassenzimmer abzubilden. Die Lernaufgaben sind als modellhafte Lernangebote für den Niederländischunterricht verschiedener Schulformen und Jahrgangsstufen zu betrachten.

Mit dem Ziel, den Transfer in die Unterrichtspraxis und die tägliche Arbeit von Niederländischlehrerinnen und -lehrern beträchtlich zu erleichtern, liegen alle hier abgedruckten Unterrichtseinheiten als Kopiervorlagen vor.[2] Alle Materialien sind für die Hand der Schülerinnen und Schüler konzipiert und können variabel eingesetzt werden.[3] Die Schülerinnen und Schüler wiederum wählen für sich diejenigen Aufgaben aus, die sie zur Zielerreichung individuell benötigen.

Vor jeder Lernaufgabe ist eine Seite mit folgenden Angaben enthalten:

- Thema,
- Schwerpunktkompetenz(en);
- angestrebtes GeR-Niveau,
- mögliche Zielgruppen,
- Zieltext,
- Differenzierungsoptionen,
- Hilfsmittel und Quellenangabe(n).

---

[1] Generell stehen Schulen angesichts der sich fortwährend verändernden Heterogenität ihrer Schülerschaft stets vor der Herausforderung, ihre pädagogische Arbeit zu reflektieren und weiterzuentwickeln. Aufgabenentwicklung kann als Instrument der Schulentwicklung genutzt werden. Vgl. z. B. Leisen 2017: 4-9.

[2] Zu beachten ist das Urheberrechtsgesetzt, siehe Hinweise auf der Umschlaginnenseite.

[3] Fremderstellte Lernmaterialien sind grundsätzlich an den eigenen Lern- und spezifischen Unterrichtskontext anzupassen.

Lernaufgaben nach dem NL-Prinzip verwenden folgende **Lehr-Lern-Symbole©**:

Sozialformen

Einzelarbeit

Partnerarbeit

Gruppenarbeit

Plenum

Kompetenzen

Sprechen

Schreiben

Lesen

Hören

Sehen

W Wortschatz

Sprach(en)bewusstheit - Sprachlernkompetenz

Differenzierung

Aufgabenstellungen mit verschiedenen Niveaustufen

Höhere Aufgabenschwierigkeit

Mittlere Aufgabenschwierigkeit

Mindestanforderung für zielgleich Lernende

Herausfordernde, vertiefende Zusatzaufgabe

Scaffolding

Zielaufgabe

Die Arbeitsanweisungen geben an, was, in welcher Sozialform und ggf. mit welchem Material gearbeitet werden soll. Wie viel Zeit für einzelne Aufgaben anberaumt wird, ist von der jeweiligen Lehrkraft in Kenntnis ihrer Lerngruppe zu entscheiden.

Viele Überlegungen und Hinweise gehen letztlich auf den fachlichen Austausch und auf Gespräche mit meinen Kolleginnen und Kollegen aus der Fachdidaktik an der Universität zu Köln, mit meinen Kolleginnen und Kollegen aus der Fachfortbildung sowie der Moderatorinnen- und Moderatorenqualifizierung und mit meinen Kolleginnen und Kollegen aus der Unterrichtspraxis zurück. Herzlichen Dank dafür!

Nicole Lücke

3.3 Grundlegende Informationen in niederländischer Sprache

3.3.1 kenmerken van de leertaken volgens het NL-principe

Leertaken volgens het NL-principe:

- ondersteunen de ontwikkeling van communicatieve vaardigheden in het Nederlands door **interactie in de doeltaal**;
- zijn **talen- en taalleerintegratief**, dat wil zeggen dat ze de taal-/talenreflectie ondersteunen, het vergelijken van talen als brug en leerhulp benutten evenals de speciale kennis en vaardigheden van derdetaalleerders en – voor zover mogelijk – de etymologische verwantschap van het Nederlands met reeds geleerde talen;
- baseren op realistische thema's die op de **leefwereld** van de leerders zijn gericht;
- zijn **doelgroep- en situatiegericht**, dat wil zeggen dat de wijze waarop de taal in de leertaak wordt gebruikt, overeenkomt met het communicatiegedrag buiten het klaslokaal;
- stimuleren **culturele leerprocessen**, dat wil zeggen dat de scholieren leren de vreemde taal cultureel adequaat toe te passen en dat ze het vermogen ontwikkelen om zienswijzen, gewoontes en producten uit de andere en de eigen cultuur kritisch te beoordelen;
- zijn **inhoudsgericht**, dat betekent dat de taalverwerving in wezen een dienende functie heeft en resulteert uit een communicatieve behoefte en het interesse van de leerders;
- worden met behulp van zo **authentiek** mogelijke, dus niet-gedidactiseerde **teksten, materialen en (digitale) media** uitgevoerd;
- bevatten **mogelijkheden om te differentiëren en individualiseren** waarbij rekening wordt gehouden met het verschillende leerpotentieel van de scholieren in (vreemd)talig, cultureel, psychologisch en sociaal opzicht, onder andere door de systematische verwerving van schooltaal;
- zijn **leerproductgericht**, dat wil zeggen dat ze lessituaties sturen met een zo concreet mogelijk resultaat respectievelijk handelingsproduct dat de prestatie zichtbaar maakt;
- integreren fases van **individueel** en gemeenschappelijk respectievelijk **coöperatief** leren;
- zijn **(taal)leerprocesgericht** ter stimulering van zelfstandig leer- en taal-/talenbewustzijn, dat wil zeggen dat ze vooral reflectiefases voor zelf- en peerdiagnose bieden evenals voor zelf- en peerevaluatie.

(herziene versie van N. Lücke 2014: 230)

3.3.2 faseringsmodel: het NL-leertakenprincipe

I leertaakconstructie	**II leertaakinstructie**	leerfase **A** **III competenties ondersteunen**	leerfase **B** **IV doelopdracht uitvoeren**	leerfase **C** **V het geleerde evalueren**
✓ diagnose van de uitgangssituatie: vaststellen van de voorkennis van de leerders ✓ bepalen van de doelstellingen, rekening houdend met curriculaire eisen ✓ anticiperen van noodzakelijke cognitieve, (vreemd)talig-discursieve stappen om het doel te kunnen bereiken ✓ ontwikkelen van een uitdagend en cognitief activerend leerproces volgens de kenmerken van het NL-leertakenprincipe	✓ uitleg en duidelijkheid van de doelopdracht, vooral wat betreft: - de situatief-thematische context - het handelings-product (belang-rijkste compe-tentie(s) en doeltekstformaat) - de doelgroep	✓ systematisch onder-steunen van de be-langrijkste compe-tentie(s) en de doel-tekst door differen-tiërend aanbod van opdrachten en oefe-ningen, uitgaande van inhoudelijke en methodische (taalver-wervings)ervaringen en voorkennis ✓ reactiveren van talige middelen en syste-matische, taalver-werving, inclusief de stimulering van schooltaalgebruik	✓ zo veel mogelijk zelfstandig en zelfcontrolerend uitvoeren van de doelopdracht, met gebruikmaking van geschikte strategieën	✓ presenteren en evalueren van het handelingsproduct volgens inhoudelijke en talige criteria ✓ indien nodig - individueel extra oefeningen gericht op bepaalde talige middelen en vormen ✓ herwerken van het handelingsproduct ✓ waarborgen van het resultaat (eindversie van het handelingsproduct) ✓ reflecteren van leer- en werkprocessen ✓ afleiden van concrete gevolgtrekkingen voor het verdere (individuele) leerproces

Voor alle fases bevat de volgende publicatie doeltalig materiaal voor de praktijk: Hobbelink, Digna und Nicole Lücke (2018): Diagnostizieren, fördern und evaluieren im kompetenzorientierten Niederländischunterricht – Hilfen für eine zielsprachige Unterrichtspraxis. Niederländischunterricht konkret – Band 2. Münster: agenda. (Nederlandse titel: Diagnosticeren, ondersteunen en evalueren in de competentiegerichte les Nederlands. Gebruik van de doeltaal in de praktijk.)

3.3.3 Tips voor het gebruik van de leertaken

De voor u liggende leertaken zijn in de praktijk getoetst en aangepast. Ze kunnen echter niet – en pretenderen dit ook niet – de levendige, veelzijdige, tegenstrijdige en vaak slechts schijnbaar gestuurde processen in het klaslokaal afbeelden. De leertaken dienen veeleer te worden beschouwd als een mogelijk lesmateriaal voor de les Nederlands op verschillende schooltypes en in verschillende groepen.
De aanwijzingen in de taken geven aan in welke sociale werkvorm en, indien nodig, met welk materiaal er moet worden gewerkt. De hoeveelheid tijd die er voor elk van de opdrachten moet worden ingepland, bepaalt de leerkracht zelf voor zijn / haar groep leerders.

De hier opgenomen leseenheden zijn allemaal als kopieerbladen geconcipieerd om de transfer naar de lespraktijk en het dagelijkse werk van de leerkrachten Nederlands aanzienlijk te vergemakkelijken. Al het materiaal is voor gebruik door de scholieren bedoeld en kan variabel worden toegepast. De scholieren kiezen dan zelf die opdrachten die zij voor het bereiken van hun doel individueel nodig hebben.

Voor elke leertaak staat een bladzijde met de volgende informatie over de leertaak:

- thema,
- belangrijkste vaardigheid / -heden,
- nagestreefd ERK-niveau,
- mogelijke doelgroepen,
- doeltekst,
- differentiatiemogelijkheden,
- hulpmiddelen en bronvermelding(en).

Leertaken volgens het NL-principe bevatten de volgende leersymbolen©:

Sociale werkvormen

individueel

met z'n tweeën

in (kleine) groepjes

klassikaal

Competenties

spreken

schrijven

lezen

luisteren

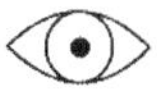

kijken

woordenschat

taal-/talenbewustzijn – taalverwervingscompetentie

Differentiatie

opdrachten met verschillende niveaus

gevorderd niveau

basisniveau

zeer elementair niveau

uitdagende, verdiepende extra opdracht

scaffolding

doelopdracht

Nicole Lücke en Digna Hobbelink

Lernaufgabe 4.1

Beroepskeuze en sollicitatie: een sollicitatiebrief schrijven (A2)

Schreiben:
einfach strukturierte Texte (Lebenslauf, Bewerbungsschreiben) verfassen

Methodische Kompetenz:
weitere Verfahren der Wortschatzarbeit selbstständig anwenden (vgl. *Activity*) eigene Fehlerschwerpunkte erkennen und aufarbeiten (vgl. Feedbackformular); den eigenen Lernfortschritt anhand geeigneter Evaluationsinstrumente einschätzen und dokumentieren (vgl. A1.1, C5)

Wortschatz:
Berufe, Bewerbung, Charaktereigenschaften, Interessen, Hobbys

Thematische Anbindung:
Einblicke in die Berufswelt

(Handlungs-) Produkt der Zielaufgabe:
Bewerbungsschreiben mit Lebenslauf

Differenzierungen, z.B.:
Aufgabenstellung (A2.1, A3.1, A3.2, A4.1), Interesse (A2, B), Scaffolding (B), Zeit (A2.2), niveaudifferenter Zielauftrag

Bearbeitungszeit:
ca. 225 Minuten

Zielgruppe, z.B.:
Sek. I: Jgst. 10 (N6), Jgst. 9 (N8), Sek. II: Jgst. 11/ EF, Q1

Hilfsmittel bzw. Lernmaterial:
zweisprachige Wörterbücher, ggf. Computer

Empfehlungen: Einsatz von
- digitalen Medien (z. B. *Quizlet*, *Bitsboard*),
- zielsprachigen Praxishilfen (z. B. *Diagnosticeren: schrijven*, *Checklijst: spelling*, *Evaluatieformulier: een formele brief*)

aus: Hobbelink, Digna und Nicole Lücke (2018): Diagnostizieren, fördern und evaluieren im kompetenzorientierten Niederländischunterricht – Hilfen für eine zielsprachige Unterrichtspraxis. Niederländischunterricht konkret – Band 2. Münster: agenda.

Stappenplan: *beroepskeuze en sollicitatie*

Dit is een overzicht van de belangrijkste aspecten uit deze lessenreeks. Het overzicht is bedoeld om jou te helpen je prestaties zelf te kunnen inschatten. Vul per fase de volgende informatie in:					
op-dracht	**belangrijkste vaardigheid in verband met het thema**	**klaar ✓**	**lastig ja / nee**	**hulp van**	**tips**
Fase A – oriënteren en voorbereiden *De opdrachten in fase A activeren je voorkennis en helpen je de doelopdracht te kunnen maken.*					
A 1	Beheersing van de woordenschat beroepskeuze				
A 2	Zelfstandig leren door notities te maken over persoonlijkheidskenmerken en beroepsvoorwaarden en deze notities met medescholieren te bespreken				
A 3 - 4	Schriftelijk verzamelen van criteria voor een sollicitatiebrief en een cv				
A 5	Een sollicitatiebrief herschrijven uitgaand van een voorbeeldbrief				

<table>
<tr><td colspan="6">Fase B – zelfstandig werken en uitvoeren
In fase B ga je aan de slag met de doelopdracht. Probeer zoveel mogelijk zelfstandig te werken en je leerproces zelfstandig uit te voeren. Je krijgt natuurlijk individuele aandacht van je leraar of lerares Nederlands – maar probeer eerst zelf oplossingen te bedenken voor eventuele moeilijkheden die je tegenkomt.</td></tr>
<tr><td>B</td><td>Een sollicitatiebrief en een cv schrijven</td><td></td><td></td><td></td><td></td></tr>
<tr><td colspan="6">Fase C – terugkijken en beoordelen
In deze fase staat het beoordelen en het inschatten van het resultaat centraal. Verder ga je in deze fase reflecteren op het verloop van het leerproces.</td></tr>
<tr><td>C 1 - 3, 5

C 4</td><td>Peerevaluatie, zelfevaluatie, zelfreflectie

Sollicitatiebrief en cv herschrijven</td><td></td><td></td><td></td><td></td></tr>
<tr><td colspan="6">Ik heb ten minste één opdracht van niveau bewerkt: ☐ja ☐nee
Ik heb voor een uitdagende opdracht (= Op naar de top!) gekozen: ☐ja ☐nee</td></tr>
<tr><td colspan="6">Bekijk je stappenplan en schrijf op wat je nog eens moet oefenen. Zorg ervoor dat je antwoord kunt geven op:
wat, waar, wanneer én waarom:</td></tr>
</table>

◎ Doel van deze lessenreeks

Je gaat komende maand twee weken stage lopen over de grens. Daarvoor mag je zelf een beroep kiezen. Maar je moet ook zelf een stageplaats vinden en natuurlijk ook een **sollicitatiebrief** schrijven.

Fase A – oriënteren en voorbereiden

A 1.1

Werk samen met je buurvrouw of buurman. Stel telkens de volgende vragen en geef om de beurt mondeling antwoord.

- Weet je al wat voor werk je later graag wilt doen?
- Heb je al eens een sollicitatiebrief in een andere taal geschreven (bijvoorbeeld in het Duits of Engels)?
- Weet je (nog) wat de opbouw van een cv is?
- Weet je (nog) wat de structuur van een sollicitatiebrief is?
- Durf je nu meteen een sollicitatiebrief in het Nederlands te schrijven?

A 1.2

woordenlijst (→ M 1)

Een andere manier om de betekenis van onbekende woorden te begrijpen is om die betekenis van woorden uit een andere taal af te leiden, bijvoorbeeld uit het Engels.

- Probeer de nieuwe woorden in de derde kolom in nog een andere vreemde taal of in je moedertaal in te vullen.
- Bedenk samen voor de lege vakjes woorden die bij het thema passen.
- Onderzoek samen met je buurvrouw of –man hoe groot de overeenkomsten tussen de talen hier zijn.
- Leer deze woorden ter voorbereiding op het spel *Activity* (A 1.3) en als basiswoordenschat voor de volgende lessen en de doelopdracht.

M 1: W woordenlijst

Nederlands	**Engels**	**andere taal / moedertaal**
de sollicitatie	application	
het cv	curriculum vitae (cv)	
het eindexamen	school leaving examination	
de opleiding	training / apprenticeship	
de personeelsadvertentie	job advertisement	
het bedrijf	company	
het salaris	salary	
de leraar / lerares	teacher	
de arts	doctor	
de brandweerman / -vrouw	firefighter	
de verpleegkundige	qualified nurse	
de architect / architecte	architect	
de advocaat	lawyer	
de journalist / journaliste	journalist	
avontuurlijk	adventurous	
hulpvaardig	helpful	
lui	lazy	
netjes	tidy	
slordig	messy	
zelfbewust	self-confident	

Let op: Niet voor elk beroep is er naast de mannelijke vorm een gebruikelijke vrouwelijke vorm.
Tip: Kijk naar vacatures of op www.nationaleberoepengids.nl

A 1.3

activity (→ M 2a en 2b)

Vorm groepen met vier scholieren.
Leg de kaartjes met de symbolen naar boven in drie stapels op de tafel.
Eén iemand begint, trekt een kaart en moet het woord presenteren.

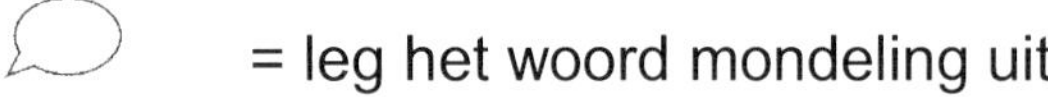
= leg het woord mondeling uit

= teken het woord, maar zonder te spreken

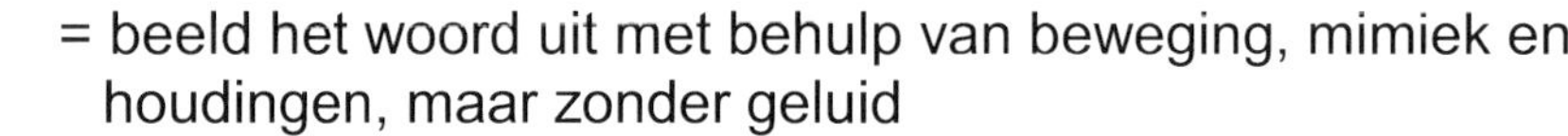
= beeld het woord uit met behulp van beweging, mimiek en houdingen, maar zonder geluid

Wie het woord het snelst raadt, krijgt de kaart. Dan is de volgende persoon aan de beurt totdat er geen kaarten meer zijn. Iedereen moet elk symbool twee keer presenteren.
De persoon die aan het einde de meeste kaartjes heeft, wint.

M 2a: *activity*

Plak de twee pagina's zo aan elkaar dat de voor- en achterkant van de kaartjes op elkaar liggen. Knip dan de 24 kaartjes uit.

het eindexamen	de personeels-advertentie	**het** bedrijf	de sollicitatie
het cv	de advocaat	de architect / de architecte	avontuurlijk
	het salaris	de verpleegkundige	hulpvaardig
slordig	de brandweer-man / - vrouw		de journalist / de journaliste
de opleiding	lui		netjes
	de leraar / de lerares	zelfbewust	de arts

M 2b: *activity*

Plak de twee pagina's zo aan elkaar dat de voor- en achterkant van de kaartjes op elkaar liggen. Knip dan de 24 kaartjes uit.

A 1 Op naar de top! uitdagende opdracht

Maak een mindmap met beroepen die je kent.
Vorm categorieën (bijvoorbeeld “sociale beroepen”). Gebruik een woordenboek.
Presenteer jullie resultaten in de klas.

Voorbeeld:

sociaal-natuurwetenschappelijk
arts (Arzt / Ärztin)
verpleegkundige (Krankenschwester / -pfleger)
brandweerman / -vrouw (Feuerwehrmann / -frau)

natuurwetenschappelijk
bioloog / biologe
wiskundige (Mathematiker/in)
informaticus (Informatiker/in)
ingenieur (Ingenieur/in)
machineconstructeur (Maschinenbauer/in)

creatief
designer
architect / architecte
komiek (Komiker/in)

ambachtelijk (handwerklich)
kleermaker / naaister
kapper / kapster (Friseur / Friseurin)
bakker

andere
advocaat / advocate (Anwalt / Anwältin)
econoom / econome (VWLer/in, Ökonom/in)
bedrijfskundige (BWLer/in)
bedrijfsadviseur / -adviseuse, of: bedrijfsconsultant (Unternehmensberater/in)
journalist / journaliste
lector / lectrice

A 2.1 persoonlijkheidskenmerken en beroepsvoorwaarden

Vul de checklijst als volgt in:

1. Zet een kruisje bij eigenschappen die van toepassing zijn op jezelf (= eerste kolom "ik").
2. Kies een beroep dat je leuk en voor jezelf geschikt vindt en schrijf het op het streepje. Zet een kruisje bij eigenschappen die belangrijk zijn voor dit beroep (= tweede kolom "leuk beroep").
3. Zoek iemand die hetzelfde blad bewerkt. Vouw het blad eerst op de rechterstippellijn. Dan vouw je het blad naar links zodat de rechterstippellijn op de linkerstippellijn komt te liggen. Jouw partner kan nu niet zien wat jij van tevoren hebt aangekruist. Hij / zij kruist nu <u>positieve</u> eigenschappen aan die volgens hem / haar van toepassing zijn op jou. Jij doet hetzelfde op zijn / haar blad. Op die manier kan je jouw eigen inschatting met die van een ander vergelijken.

eigenschap	ik	leuk beroep: ______________	mijn sterke punten volgens______________
avontuurlijk			
creatief			
coöperatief			
grappig			
hulpvaardig			
ijverig			
muzikaal			
sociaal			
sportief			
stil			
zelfbewust			
goed in talen			
goed in wiskunde			
goed met computers			
Is het leuke beroep echt geschikt voor mij? Waarom? Waarom niet?			
Vergelijk de positieve eigenschappen die jouw partner heeft aangekruist met de eigenschappen die je voor jezelf hebt aangekruist. Praat met je partner over de resultaten.			

A 2.1 persoonlijkheidskenmerken en beroepsvoorwaarden

Vul de checklijst als volgt in:

1. Zet een kruisje bij eigenschappen die van toepassing zijn op jezelf (= eerste kolom "ik").
2. Kies een beroep dat je leuk en voor jezelf geschikt vindt en schrijf het op het streepje. Zet een kruisje bij eigenschappen die volgens jou belangrijk zijn voor dit beroep (= tweede kolom "leuk beroep").
3. Kies een beroep dat je helemaal niet zou willen uitoefenen. Doe hetzelfde als in kolom 2, alleen nu met het niet leuke beroep (= derde kolom "niet leuk beroep").

eigenschap	**ik**	**leuk beroep:** ______________	**niet leuk beroep:** ______________
avontuurlijk			
creatief			
coöperatief			
grappig			
hulpvaardig			
ijverig			
krachtig / sterk			
muzikaal			
sociaal			
sportief			
stil			
zelfbewust			
goed in talen			
goed in wiskunde			
goed met computers			
Is het leuke beroep echt geschikt voor mij? Waarom? Waarom niet?			
Is het andere beroep echt ongeschikt voor mij? Waarom?			

A 2.1 persoonlijkheidskenmerken en beroepsvoorwaarden

Vul de checklijst als volgt in:

1. Zet een kruisje bij eigenschappen die van toepassing zijn op jezelf (= eerste kolom “ik”).
2. Kies een beroep dat je leuk en voor jezelf geschikt vindt en schrijf het op het streepje. Zet een kruisje bij eigenschappen die volgens jou belangrijk zijn voor dit beroep (= tweede kolom “leuk beroep”).

eigenschap	**ik**	**leuk beroep:**________________
avontuurlijk		
creatief		
coöperatief		
grappig		
hulpvaardig		
ijverig		
sterk / gespierd		
lui		
muzikaal		
sociaal		
sportief		
stil		
zelfbewust		
goed in talen		
goed in wiskunde		
goed met computers		
veel met je handen werken		
Is het leuke beroep echt geschikt voor mij? Waarom? Waarom niet?		

A 2.2

Zoek een partner die in A2.1 dezelfde opdracht heeft bewerkt en die ook al klaar is. Presenteer jullie resultaten aan elkaar.

A 2.3

Vorm groepen met 4 tot 6 scholieren (jullie hoeven niet allen dezelfde opdrachten te hebben bewerkt). Presenteer elkaar kort je gekozen beroep(en) en vertel of ze in vergelijking met jouw eigenschappen werkelijk geschikt / ongeschikt zijn. Overleg samen of er misschien nog andere beroepen zijn die bij jouw eigenschappen passen.

A 2.4

Straks ga je solliciteren naar een baan die geschikt is voor jou. Welke eigenschappen, interesses en kwalificaties heb je die belangrijk voor dit beroep zijn? Die moet je in een sollicitatiebrief noemen en zeggen waarom die jou geschikt maken voor deze baan. Maak daarom notities als voorbereiding op de doelopdracht.

A 3 voorkennis cv

A 3.1

Waarop moet je letten als je een **cv** schrijft? Maak samen met een partner een cluster (opbouw, wat hoort er in...).
Je mag daarvoor de woorden in een eerste stap ook in een andere taal (behalve Duits) opschrijven en daarna in een tweede stap de passende Nederlandse vertaling in een woordenboek opzoeken.

A 3.2

Nu maken we samen een groot cluster "**cv**" op het bord. Indien nodig vul je jouw cluster met de begrippen op het bord aan.
Iedereen maakt ook aantekeningen over het schrijven van een **sollicitatiebrief.**

A 3 voorkennis sollicitatiebrief

A 3.1 Op naar de top! uitdagende opdracht

Zijn jullie klaar? Denk dan na over het schrijven van een **sollicitatiebrief** en maak een tweede cluster (opbouw, wat hoort er in...).
Vergelijk jullie cluster met dat van een ander duo.

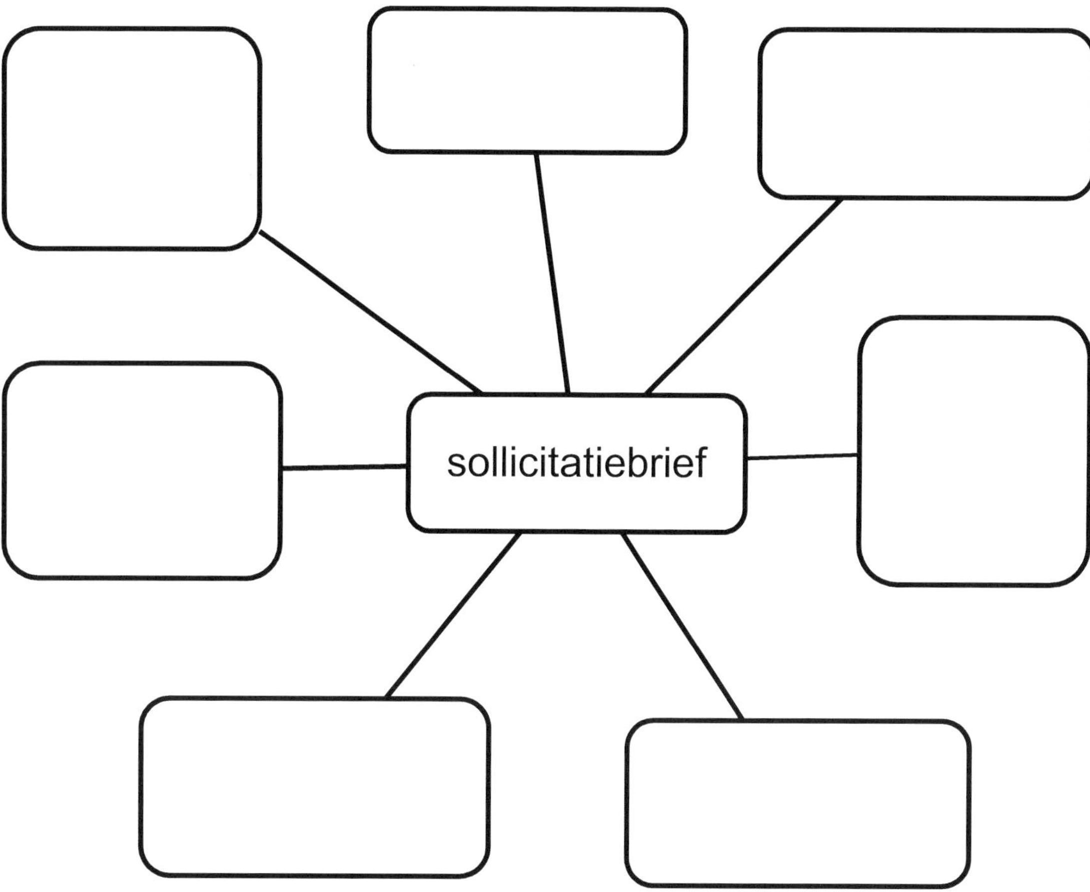

A 3.2 Op naar de top! uitdagende opdracht

Presenteer jullie cluster "sollicitatiebrief" aan je medeleerlingen.

A 4 kenmerken sollicitatiebrief en cv

Kijk naar de voorbeelden van een sollicitatiebrief (M 4) en een cv (M 5).

A 4.1

Markeer belangrijke en algemene formuleringen in de sollicitatiebrief en het cv.
Noteer daarna aan de zijkant trefwoorden voor de opbouw
(bijvoorbeeld: 1. eigen adres, 2. ....).

A 4.1

Markeer belangrijke en algemene formuleringen in de sollicitatiebrief.
Noteer daarna aan de zijkant trefwoorden voor de opbouw
(bijvoorbeeld: 1. eigen adres, 2. ...).

A 4.1

Markeer belangrijke en algemene formuleringen in de sollicitatiebrief.

A 4.2

We verzamelen nu met de hele klas de resultaten uit deel 4.1.
Maak indien nodig aanvullingen op jouw eigen blaadje. Sorteer de resultaten in kolommen, één voor algemene formuleringen en telkens één voor de algemene opbouw van een cv en voor de opbouw van een sollicitatiebrief.

sollicitatiebrief		**cv**	
algemene formuleringen	**opbouw**	**algemene formuleringen**	**opbouw**

A 5 voorbeeld van een slechte sollicitatiebrief

A 5.1

Kijk naar de volgende sollicitatiebrief. Hoe vind je de brief?
Zijn er formuleringen die je zou willen veranderen en verbeteren? Neem een rode pen en markeer alles wat je niet goed vindt. Hoe zou je het veranderen?

<u>**Sollicitatiebrief**</u>
Aan de leuke vrouw bij de krant
Amstelweg 4
Rotterdam

P. Bas
Van Gogh Weg 77
2324 LZ LEIDEN

28-04-20 ...

Betreft: Ik wil ook graag iets in de krant schrijven

Hoi mevrouw Dekker,
Gaat het goed met jou? Ik lees elke dag de krant en wil daar ook mijn naam kunnen zien. Daarom wil ik bij jullie stage lopen.

Ik heb mijn middelbare schoolopleiding afgesloten met twee extra jaren, maar dat vind ik niet zo erg, omdat ik zo meer tijd had voor drinken met vrienden. Ik was wel goed in Nederlands vooral in lange teksten schrijven. Ik vind het leuk om verhalen te schrijven vooral over science-fiction. Ik vind dat jullie daarvan meer in de krant moeten schrijven. Naast de krant lees ik ook graag boeken en ga graag naar de bioscoop.
Ik zou het leuk vinden om mijn stage bij de krant te lopen omdat men dan als eerste het nieuws kan lezen. En ik hoef de krant niet meer zelf te kopen.

Zeg je me even wanneer ik kan beginnen? Dat zou geweldig zijn!
Tot binnenkort!
Paul

A 5.2

Herschrijf de brief met jouw opmerkingen uit A 5.1. De sollicitatiebrief moet nu zo geformuleerd zijn dat je hem zelf naar een bedrijf zou kunnen sturen.

Fase B – zelfstandig werken en uitvoeren

  Doelopdracht : een sollicitatiebrief schrijven

Situatie
Je gaat komende maand twee weken stage lopen over de grens. Daarvoor mag je zelf een beroep kiezen. Maar je moet ook zelf een stageplaats vinden en natuurlijk ook een sollicitatiebrief schrijven.

Doelopdracht
Je hebt de afgelopen lessen over beroepen nagedacht die voor jou geschikt zijn. Kies één beroep. Jij wilt nu stage lopen om te zien of het beroep ook in de praktijk bij jou past. **Schrijf** een **sollicitatiebrief.** Voeg er ook een **cv** aan toe. Gebruik hiervoor het schema (M 3) en vul jouw gegevens in.

Let op de volgende punten:

- Wanneer wil je beginnen? Hoelang duurt je stage?
- Waarom heb je voor dit beroep en dit bedrijf gekozen?
- Welke eigenschappen en interesses heb je die voor dit beroep nodig zijn?
- Vertel ook iets over jezelf: Heb je al eens stage gelopen? Wat doe je graag in je vrije tijd?

Indien nodig mag je gebruikmaken van je tabel (A 4.2) uit de afgelopen les.

Je mag gebruikmaken van je tabel (A 4.2) uit de afgelopen les en M 4.

Je mag gebruikmaken van je tabel (A 4.2) uit de afgelopen les, M 4 en M 5.

◎ Gedifferentieerde doelopdracht

 **Doelopdracht : een sollicitatie voorbereiden**

Situatie

Je gaat komende maand twee weken stage lopen. Daarvoor mag je zelf een beroep kiezen. Maar je moet ook zelf een stageplaats vinden en natuurlijk ook een sollicitatiebrief schrijven.

Doelopdracht

Vul het schema met het cv (M 3) in.

Maak bovendien een poster over je droomberoep waarin je

- het beroep voorstelt,
- de daarvoor noodzakelijke eigenschappen en kwalificaties uitlegt,
- duidelijk maakt waarom dit beroep geschikt is voor jou.

Presenteer jouw poster aan een groep en / of de leerkracht.

M 3

Curriculum Vitae

Persoonlijke gegevens
Naam: ______________________

Geslacht: ______________________

Adres: ______________________

____

Geboortedatum & -plaats: ______________________

Nationaliteit: ______________________

Burgerlijke staat: ______________________

Opleiding
Basisschool (_____-_____) ______________________

Middelbare school (sinds _____) ______________________

Praktijkervaring
Stage ______________________

____

Bijbaantje ______________________

Overige kwalificaties (bijvoorbeeld talen, computer)

____________ ______________________

____________ ______________________

____________ ______________________

Hobby's

____

________________ ____________________
(plaats, datum) (handtekening)

M 4: voorbeeld sollicitatiebrief stage

Jouw naam
Straatnaam + huisnummer
Postcode en plaats

Naam bedrijf
T.a.v. meneer Thijssen
Aan de Gracht 5
1010 WT AMSTERDAM

Plaats, datum

Betreft: sollicitatie bakkerij Thijssen

Geachte heer Thijssen,

Met deze brief wil ik graag solliciteren naar een stage bij uw bakkerij. Ik zit momenteel in mijn laatste schooljaar en zou graag mijn vier weken durende stage bij u willen lopen.

Als bakker houd je je natuurlijk bezig met het bakken van brood en andere lekkernijen, maar je moet ook met klanten om kunnen gaan en goed zelfstandig kunnen werken. Daarom is deze baan heel geschikt voor mij. Ik ben iemand die graag praktisch werkt, een talent voor bakken heeft en goede sociale vaardigheden bezit. Als bestuurslid van een sportvereniging heb ik al diverse keren succesvol een taartbuffet georganiseerd. Mijn taarten vielen goed in de smaak bij de andere leden. Verder ben ik leergierig, creatief, flexibel en heb ik al ervaring met het bakken van taarten.

Uw bakkerij spreekt mij aan, omdat ik er al jaren heerlijk brood haal en ik er de sfeer als zeer aangenaam ervaar; ik word er altijd vriendelijk en vakkundig geholpen door mensen die plezier hebben in hun werk. Daarnaast zie ik in de etalage altijd fantastische bruidstaarten staan en ik zou heel graag willen leren zulke taarten te maken. Als taartliefhebber zou ik daarom graag bij uw bakkerij willen leren hoe u dit voor elkaar krijgt.

Ik kijk uit naar een persoonlijk gesprek waarin ik mijn motivatie voor een stage bij uw bedrijf nog verder kan uitleggen. Ik hoop snel van u te horen.

Met vriendelijke groet,
eigen handtekening
Je naam

Bijlage: curriculum vitae

M 5: voorbeeld Curriculum Vitae (cv)

Curriculum Vitae

Naam:	Antje Bakker
Adres:	Aan de Gracht 2, 4734 AZ AMSTERDAM
Telefoon:	020-1325476 / 06-12345678
Geboortedatum:	22 februari 1984
Geboorteplaats:	Groningen
E-mail:	antje@bakker.nl

Opleiding

2001-2004 Hbo Management in Utrecht
1996-2001 Rembrandtcollege Havo te Amersfoort

Werkervaring

2011-2018 Informatiebeheerder bij de Digitale Vraagbank, Utrecht
Taken: vragen beantwoorden en documenteren, data analyseren

2004-2011 Diverse banen bij openbare bibliotheken
Taken: verantwoordelijk voor het uitlenen van boeken, catalogiseren, evenementen organiseren

2002-2004 Teamleider D40, Hoofddorp
Taken: aansturen van medewerkers, coördineren van projecten

2001-2002 Administratief medewerker D40, Amsterdam
Taken: orderverwerking en klantencontact

Cursussen

2009 Managementcursus
2007 Microsoft Access

Taalvaardigheid

Nederlands: moedertaal
Engels: mondeling goed, schriftelijk goed
Duits: mondeling goed, schriftelijk redelijk

Computervaardigheden

Zeer goede beheersing van: MS Word, Excel, Bibliotheeksysteem BS
Goede beheersing van: Powerpoint

Nevenactiviteiten en hobby's

2011-2015 Tennisinstructrice bij De Graaf in Utrecht
2009-2011 Voorzitter hockeyvereniging Roosburcht in Utrecht
Hobby's: tennissen, hockeyen en viool spelen

Fase C – terugkijken en beoordelen

C 1 feedback op eigen sollicitatiebrief

Vorm groepen met drie scholieren. Lees de sollicitatiebrieven en cv´s van je medescholieren. Markeer fouten en vul telkens een feedbackformulier in.

Feedbackformulier voor ____________	✓			**commentaar**
Structureel				
De sollicitatiebrief bevat - het eigen adres, - het adres van de ontvanger, - plaats en datum (bijv. Kleve, 03 februari 20 . .), - een passend onderwerp voor "betreft:...", - een geschikte aanhef, - een beleefde afsluiting, - eigen handtekening + naam.				
Inhoudelijk				
In het cv zijn alle belangrijke vakjes ingevuld.				
De sollicitatiebrief bevat - een goede inleiding met de reden voor het schrijven (stage lopen), - het voorstellen van de eigen persoon (eigenschappen, ervaringen), - een uitleg waarom dit beroep geschikt is, - een uitleg waarom men dit bedrijf heeft gekozen (voor een stage), - een goede afsluiting (hoop op een gesprek).				
Taalkundig				
De zinnen zijn samenhangend en met elkaar verbonden door bijv. omdat, zodat, maar.				
Er zijn niet veel spellingsfouten.				
De woordenschat "sollicitatie" wordt gebruikt.				

C 2 **zelfevaluatie**

Lees de feedback van je medescholieren en kijk nog een keer naar je eigen sollicitatiebrief. Heb je alle criteria verwerkt? Wat zou je nog kunnen toevoegen of verbeteren? Maak notities.

____

____

____

____

C 3

We evalueren de sollicitatiebrieven samen op het bord. Dit gebeurt op basis van de drie categorieën: beroepen, mooie formuleringen en veel gemaakte fouten.
Je mag iets over jouw eigen brief en de brieven van je medescholieren zeggen.

evaluatie sollicitatiebrief			
beroepen	**mooie formuleringen**	**veel gemaakte fouten**	
bijvoorbeeld: leraar, journaliste, ...	bijvoorbeeld: bij deze, mijn kracht ligt in, ik kijk uit naar	bijvoorbeeld: de/het-fouten, d/t-fouten, spelling, ...	tips:

C 4

Herschrijf nu jouw sollicitatiebrief op basis van de feedback van je medescholieren, je eigen notities en de evaluatie op het bord. Gebruik indien mogelijk hiervoor een computer. Als je wilt, mag je je nieuwe sollicitatiebrief en je cv inleveren zodat je ook nog een feedback van de leraar / lerares krijgt.

C 5

C 5.1

Beantwoord de vragen kort met "ja" of "nee". Kruis aan!

1. Weet je al wat voor werk je na school graag zou willen doen? ☐ ja ☐ nee
2. Heb je al eens een sollicitatie in een andere taal geschreven (bijvoorbeeld in het Nederlands, Duits of Engels)? ☐ ja ☐ nee
3. Weet je nog wat de opbouw van een cv is? ☐ ja ☐ nee
4. Weet je nog wat de structuur van een sollicitatiebrief is? ☐ ja ☐ nee
5. Durf je nu meteen een sollicitatiebrief in het Nederlands te schrijven? ☐ ja ☐ nee

C 5.2

Kun je nu meer vragen met "ja" beantwoorden dan enkele lessen geleden? Zo niet, kijk dan nog een keer naar de woordenlijsten, het cluster, de opbouw van een sollicitatiebrief en de formuleringen die we de afgelopen lessen hebben verzameld.

Lernaufgabe 4.2

Op een camping: via e-mail naar vakantiewerk solliciteren (A2)

◎ **Schreiben**:
einfach strukturierte Texte (Lebenslauf, Bewerbungsschreiben, E-Mail) verfassen

Interkulturelle Kompetenz:
Orientierungswissen zu den Niederlanden: Urlaub auf einem Campingplatz

Sprechen:
an Gesprächen teilnehmen: sich mit einzelnen Äußerungen an Gesprächen beteiligen,

Methodische Kompetenz:
bekannte Methoden (Mindmapping, Think-Pair-Share) zum Lernen anwenden und Strategien (*checklijst*, *zelfevaluatie*) zur Evaluation eigener und fremder Lernprozesse nutzen

Wortschatz:
Freizeitgestaltung, Bewerbung

Thematische Anbindung:
Freizeit und Ferienjobs

(Handlungs-) Produkt der Zielaufgabe:
Lebenslauf, kurzes Bewerbungsschreiben in Form einer E-Mail

Differenzierungen, z.B.:
Aufgabenstellung (A2); Scaffolding (A3); Zeit: Lerntempoduett (A5) differenzierter Zielauftrag

Bearbeitungszeit:
ca. 225 Minuten

Zielgruppe, z.B.:
Sek. I: Jgst. 10 (N6), Sek. II: EF

Hilfsmittel bzw. Lernmaterial:
zweisprachige Wörterbücher, Lied
(z.B. https://www.youtube.com/watch?v=2AhHL_t6Xr8)

Empfehlungen: Einsatz von
- digitalen Medien (z. B. *Quizlet*, *Bitsboard*),
- zielsprachigen Praxishilfen (z. B. *Diagnosticeren: schrijven*, *Invulblad: hoe ga ik verder?*, aus: Hobbelink & Lücke 2018)

Doel van deze lessenreeks

Het doel van deze lessenreeks is om een e-mail naar de beheerder van een camping te schrijven. In deze e-mail maak je duidelijk waarom jij de aangewezen persoon bent om tijdens de zomervakantie het animatieprogramma voor kinderen te organiseren.

Fase A – oriënteren en voorbereiden

De volgende opdrachten (= A) activeren je voorkennis en helpen je de doelopdracht te kunnen uitvoeren. Centrale vragen in deze fase zijn: waar gaat de lessenreeks over? Wat weet je al over dit thema? Hoe kan ik de doelopdracht zelfstandig aanpakken?

A 1.1 activiteiten op een camping

Maak een mindmap over het onderwerp "Op een camping". Welke activiteiten kun je allemaal op een camping doen?

Soms is het makkelijker om nieuwe woorden te leren als je de betekenis van deze woorden afleidt uit een andere vreemde taal die je kent. Ken je de woorden voor deze activiteiten bijvoorbeeld in het Engels of Frans? Schrijf die woorden dan naast de Nederlandse woorden op.

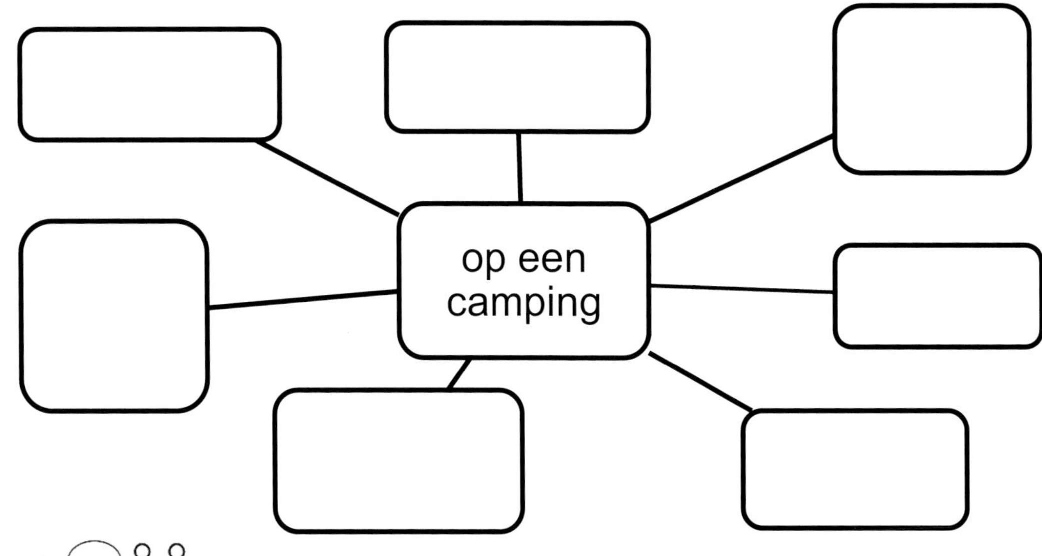

A 1.2

Bespreek je mindmap met je partner.

A 1.3

Vul je mindmap aan.

A 1.1 activiteiten op een camping

Maak een mindmap over het onderwerp "Op een camping". Welke activiteiten kun je allemaal op een camping doen?

Soms is het makkelijker om nieuwe woorden te leren als je de betekenis van deze woorden afleidt uit een andere vreemde taal die je kent. Ken je de woorden voor deze activiteiten bijvoorbeeld in het Engels of Frans? Schrijf die woorden dan naast de Nederlandse woorden op.

A 1.2

Bespreek je mindmap met je partner.

A 1.3

Vul je mindmap aan.

A 1.1 activiteiten op een camping

Probeer de volgende activiteiten aan de mindmap hieronder toe te voegen. Zijn er nog andere dingen op een camping te doen?

- voetballen
- vissen
- paardrijden
- kamperen
- wandelen
- dansen
- tennissen
- meedoen aan het kinderprogramma
- volleyballen
-
- …

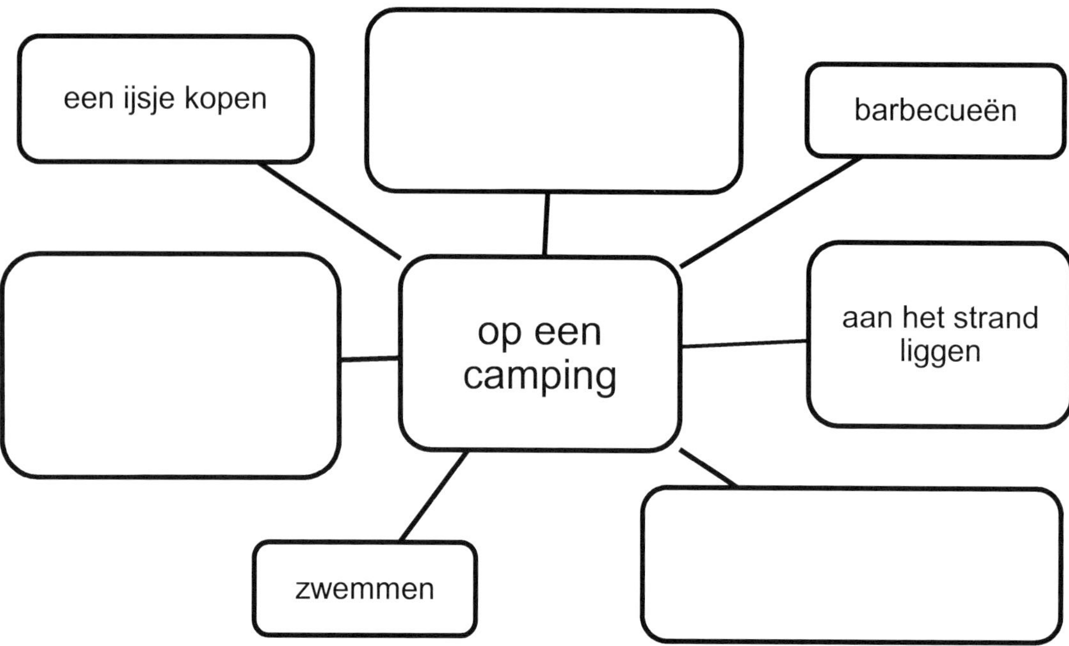

A 1.2

Bespreek je mindmap met je partner.

A 1.3

Vul je mindmap aan.

A 2 een ansichtkaart schrijven

Je bent op vakantie op een camping in Nederland. Schrijf een ansichtkaart aan een Nederlandse vriend / vriendin.

De aanhef	
Waar ben je? Is het leuk?	
Wat kun je allemaal doen?	de naam
Hoe voel je je?	de straatnaam + het huisnummer
De afsluiting	de postcode + de plaatsnaam
Je naam	het land

	de voor- en achternaam:	Harry de Bakker
	de straatnaam en het huisnummer:	Koninginnestraat 29a
	de postcode en de stad:	6225 BR Maastricht
	het land:	Nederland
	de aanhef, bijvoorbeeld:	Hoi …, / Hallo …, / Dag …, / Beste …,
W	de afsluiting, bijvoorbeeld:	Hoop je snel weer te zien, / Ik kan niet wachten je binnenkort weer te zien, / Dag, / Doei, / Groeten, / Groetjes, ...

A 3.1 Tijdens mijn vakantie zou ik het liefst ...

Wat zou jij graag tijdens jouw vakantie op een camping willen doen? Maak gebruik van de conditionalis.

Voorbeeld: Tijdens mijn vakantie zou ik het liefst de hele dag willen zwemmen. Voor mij moet er dus in ieder geval een zwembad zijn op de camping. Verder zou ik graag ...

Als je niet meer weet hoe de conditionalis wordt gevormd, kijk dan naar het overzichtje hieronder.

de conditionalis

ik jij (je) u hij / zij (ze) het	zou	... hebben ... doen
wij / we jullie zij (ze)	zouden	... lopen ... fietsen

zou / zouden ... + [infinitief]

Voorbeeld: De koffie is alweer op! Jij zou toch eigenlijk nieuwe kopen?

A 3.2

Bespreek de resultaten met jouw buurman of buurvrouw.

A 3.3

Werk met twee andere groepen samen en bespreek jullie resultaten met de twee andere groepen.

A 4.1 woordzoeker rond camping & solliciteren

Kun je alle 16 woorden vinden? Omcirkel de woorden. De woorden zijn horizontaal en verticaal verstopt.

V	X	A	M	W	A	R	K	R	U	U	V	P	M	A	K
I	V	U	R	E	N	I	A	T	R	E	T	N	E	D	T
A	Z	M	T	X	Z	V	K	O	P	I	T	I	G	N	X
V	A	N	S	I	C	H	T	K	A	A	R	T	R	A	B
O	U	N	Z	I	N	E	M	M	E	W	Z	I	Z	R	A
E	H	E	B	A	R	B	E	C	U	E	Ë	N	A	T	A
T	N	L	I	W	I	B	T	D	G	K	D	V	J	S	N
B	Z	E	E	F	I	S	S	T	K	I	O	L	F	F	P
A	R	D	I	D	R	J	D	B	Q	J	N	O	U	S	M
L	U	N	D	Y	Q	I	X	D	H	I	F	F	Y	Z	B
L	U	A	S	T	A	A	L	P	R	E	E	K	R	A	P
E	T	W	O	Z	U	P	A	U	I	C	H	T	N	E	L
N	A	P	C	Q	C	Q	J	Q	N	X	P	B	U	L	L
I	N	X	B	S	O	L	L	I	C	I	T	E	R	E	N
J	L	F	P	Q	C	W	K	I	N	D	E	R	E	N	U
N	S	L	Q	F	J	L	L	C	A	M	P	I	N	G	N

A 4.2 voorbereiding sollicitatiebrief

Formuleer met 8 van de 16 woorden een zin die je in je sollicitatiebrief voor een vakantiebaantje zou kunnen gebruiken.

1. ______________________________

2. ______________________________

3. ______________________________

4. ______________________________

5. ______________________________

6. ______________________________

7. ______________________________

8. ______________________________

A 5 het animatieliedje

A 5.1

Luister naar het volgende liedje en beantwoord de vragen.
Bijvoorbeeld: Superman, Minidisco NL
https://www.youtube.com/watch?v=2AhHL_t6Xr8

Als je wilt, mag je meezingen!

- Voor wie is het liedje bedoeld volgens jou? Beredeneer je antwoord en maak notities.

___

___

___

___

___

- Bedenk hoe je dit liedje op een camping in het kader van een animatieprogramma voor kinderen zou kunnen gebruiken.

___

___

___

___

___

___

A 5.2

Bespreek je ideeën met je buurman of buurvrouw.

A 5.3

Bespreek de resultaten met de klas en vul jouw notities aan.

A 6 het cv

A 6.1

Ga in gesprek met je buurman of buurvrouw: Wat moet er in een cv staan? Weet je het misschien nog uit een ander schoolvak?

A 6.2

Schrijf de resultaten in de mindmap op.

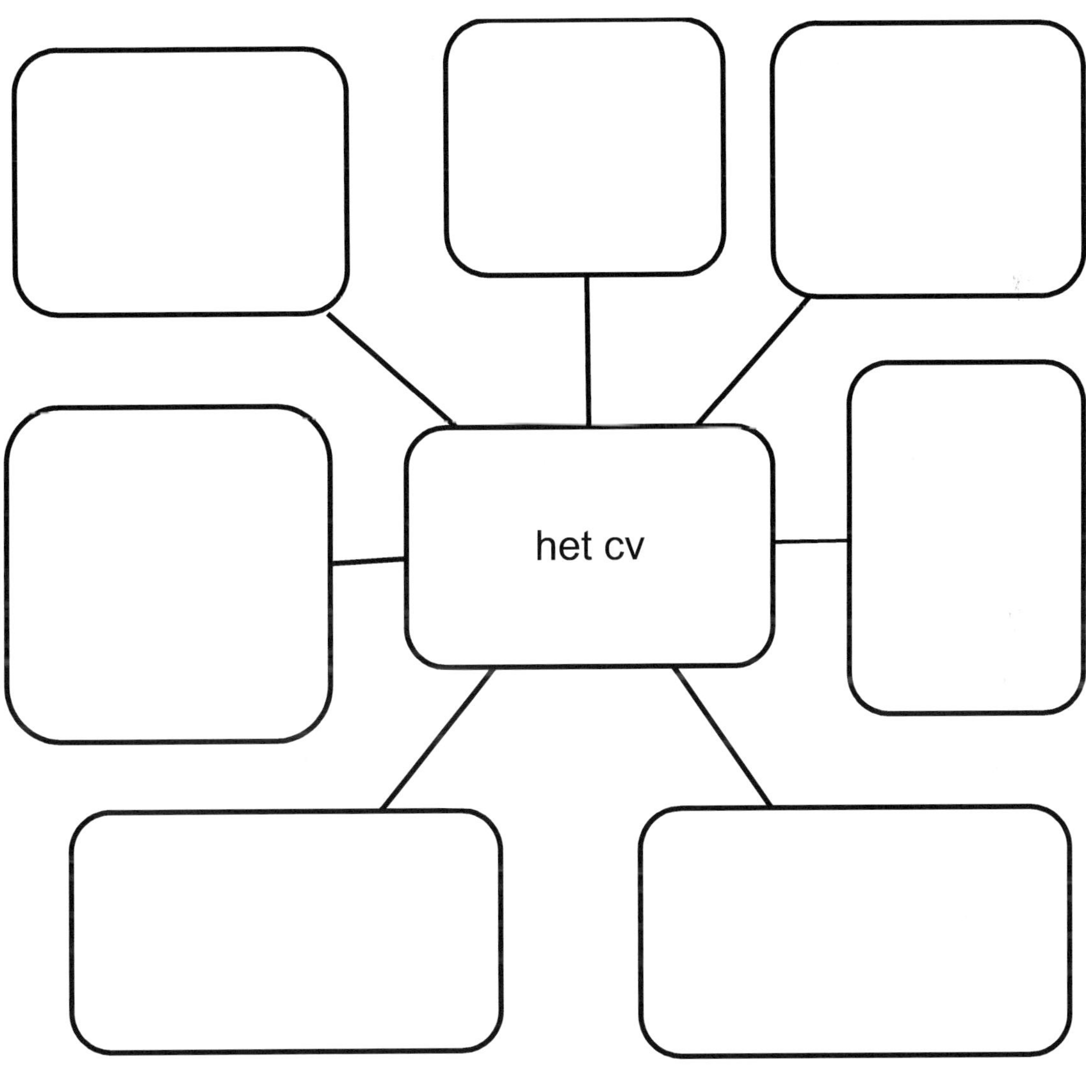

A 6.3

Bespreek achteraf je resultaten met je klas en je leraar of lerares.

A 6.4 een cv opnieuw samenstellen

Je vraagt je vriend Harry de Bakker, die al op de camping werkt hoe zijn cv eruitziet. Maar zijn cv is helaas door elkaar geraakt. Probeer de verschillende onderdelen in de juiste volgorde te zetten (maak gebruik van de cijfers 1 tot en met 5).

nummer	onderdelen
	Werkervaring en stages 2014 Stageplek Huisartsenpraktijk Van de Velde, Maastricht 2012 – 2015 Ober in het Café De Jong op het Vrijthof, Maastricht
	Talen Nederlands, moedertaal Duits, vloeiend Engels, redelijk Frans, matig
	Adres: Koninginnestraat 29a Postcode / woonplaats: 6225 BR Maastricht Tel: +31 43 395 1234 Mobiel: +31 6 24785027 E-mailadres: harrydebakker@gmail.nl In het bezit van rijbewijs B
	Opleidingen 2015- vandaag Universiteit Maastricht, Studierichting Geneeskunde 2008 – 2015 Koninklijk Atheneum, Maastricht, Diploma: (8,5) 2002 – 2008 Basisschool St. Pieter, Maastricht
	Persoonlijke gegevens Naam: Harry de Bakker Geboortedatum: 25-07-1995 Geboorteplaats: Maastricht Nationaliteit: Nederlands

Vergelijk jouw volgorde met M 1.

A 6.5

Schrijf voor jezelf een cv volgens het voorbeeld (M 1).

A 6.6

Werk samen met een partner. Je vindt je partner bij de bushalte in het klaslokaal. Net zoals de mensen bij een bushalte op de bus wachten, wachten jullie op iemand anders die ook al klaar is. Dan gaan jullie samenwerken. De plaats van de bushalte vind je aangegeven in het klaslokaal.
Stel je cv aan je partner voor. Geef hem / haar feedback!

M 1

CURRICULUM VITAE

de plaats, de datum

Persoonlijke gegevens

Naam: Harry de Bakker
Geboortedatum: 25-07-1995
Geboorteplaats: Maastricht
Nationaliteit: Nederlands
Adres: Koninginnestraat 29a
Postcode / woonplaats: 6225 BR Maastricht
Tel: +31 43 395 1234
Mobiel: +31 6 24785027
E-mailadres: harrydebakker@gmail.nl
In het bezit van rijbewijs B

Opleidingen

2015 – vandaag Universiteit Maastricht, Studierichting Geneeskunde

2008 – 2015 Koninklijk Atheneum, Maastricht, Diploma: (8,5)

2002 – 2008 Basisschool St. Pieter, Maastricht

Werkervaring en stages

2014 Stageplek Huisartsenpraktijk Van de Velde, Maastricht

2012 – 2015 Ober in het Café De Jong op het Vrijthof, Maastricht

Talen

Nederlands, moedertaal
Duits, vloeiend
Engels, redelijk
Frans, matig

Fase B – zelfstandig werken en uitvoeren

Ga nu aan de slag met de doelopdracht. Probeer zoveel mogelijk zelfstandig te werken. Je krijgt natuurlijk individuele aandacht van je leraar of lerares Nederlands – maar probeer eerst zelf oplossingen te bedenken voor eventuele moeilijkheden die je tegenkomt.

 **Doelopdracht: een sollicitatiebrief voor een vakantiebaan schrijven**

Situatie:

Scharendijke, 4 februari 20 . .

Beste kandidate / kandidaat,

Ik heb je aanvraag gelezen om tijdens je zomervakantie bij ons op de camping als animateur / animatrice voor kinderen te gaan werken. Ben je creatief en heb je al met kinderen gewerkt?
Stuur me alsjeblieft een e-mail waaruit blijkt dat je graag met kinderen werkt en dat je voor die baan geschikt bent.
Ik heb hier een liedje dat bij ons iedere dag voor de kinderen op de camping wordt gedraaid:
Bijvoorbeeld: Superman, Minidisco NL:
https://www.youtube.com/watch?v=2AhHL_t6Xr8
Welke ideeën heb je om het liedje tijdens het kinderprogramma te kunnen gebruiken?
Stuur me alsjeblieft ook een cv als bijlage.

Met vriendelijke groeten,
Roel Brouwers, de beheerder van de camping

Doelopdracht:

Schrijf een **e-mail** aan Roel Brouwers, de beheerder van de camping, en ga daarbij in op de volgende aspecten:

- Waarom wil je die baan hebben?
- Waarom ben je geschikt voor deze baan?
- Heb je al ideeën voor een kinderprogramma?
- Wat zou jij met het liedje willen / kunnen doen?

Voeg er een cv als bijlage aan toe.

Gedifferentieerde doelopdracht

Situatie

Voor de volgende zomervakantie heb jij je aangemeld voor de "Jongerencamping Renesse" in Zeeland. Je ontvangt het volgende bericht per e-mail:

Beste ___________,

Bedankt voor jouw aanmelding voor onze "Jongerencamping Renesse". Wij garanderen deze zomer weer topentertainment!
Bij de voorbereiding van een spannend en afwisselend programma willen we graag weten welke activiteiten jij graag tijdens je vakantie op onze camping zou willen doen. Stuur ons even een e-mail met enkele ideeën en je krijgt een programma op maat met leuke groepsactiviteiten met leeftijdsgenoten.
Je kunt rekenen op een hoogstaand entertainmentaanbod!

Filip Daems, Jongerencamping Renesse

Doelopdracht

Schrijf een korte **e-mail** naar de "Jongerencamping Renesse" waarin je vertelt welke activiteiten je graag tijdens je zomervakantie op deze camping zou willen doen.

Je kunt ook telefonisch contact opnemen.

Fase C – terugkijken en beoordelen

In deze fase staat het beoordelen en het waarderen van het resultaat centraal. Verder ga je in deze fase reflecteren op het verloop van je leerproces. De volgende opdrachten doelen op het beantwoorden van de vragen: hoe schat ik mijn werkresultaat in? Hoe heb ik gewerkt? Wat zijn mijn sterke punten? Wat zijn mijn zwakke punten? Hoe kan ik het de volgende keer beter doen?

C 1 zelfevaluatie

Check je eerste versie met behulp van de onderstaande criteria. Zet een kruisje als je eerste versie aan het betreffende tekstcriterium voldoet.

- ☐ Ik heb de voor het onderwerp relevante aspecten allemaal verwerkt. Vergelijk je tekst met de te behandelen aspecten uit de doelopdracht.
- ☐ Ik heb uitgelegd waarom ik geschikt ben voor deze functie.
- ☐ Het begin van de tekst is interessant en de lezer wil hierdoor graag verder lezen.
- ☐ De tekst is in alinea's opgedeeld.
- ☐ De tekstgedeeltes staan in een logische volgorde.
- ☐ De gebruikte woorden passen bij het soort tekst.
- ☐ De gebruikte woorden passen bij de lezer van de tekst.
- ☐ De gebruikte woorden drukken uit wat ik wilde zeggen (gebruik je woordenboek).
- ☐ Mijn cv is goed en vlot leesbaar.
- ☐ Controleer de spelling en grammatica (bijvoorbeeld e of ee? d of t? de / het? etc.).

C 2 feedbackronde 1

Werk samen met een partner die ook al klaar is met opdracht C 1. Je vindt hem / haar bij de bushalte.

C 2.1

Lees de tekst van je partner en maak enkele notities met betrekking tot de onderstaande vragen:

- Wat was er goed?

____

- Wat kan er nog beter?

____

- Welke tip(s) kun je geven?

____

C 2.2

Jullie geven elkaar mondeling feedback op jullie teksten en iedereen noteert de belangrijkste feedbackaspecten voor zijn / haar eigen tekst in de voorgedrukte feedbacklijst M 2 (ronde 1).

C 2.3

Je gaat nog één (of twee) keer naar de bushalte om een partner uit de klas te vinden. Vraag telkens aan je nieuwe partner om je tekst te lezen en feedback daarop te geven. Noteer de belangrijkste feedbackaspecten voor je eigen tekst (ronde 2 en eventueel ronde 3).

C 2.4

Ga in gesprek met een vierde partner en geef aan elkaar antwoord op de vraag: Zou je mij selecteren voor een sollicitatiegesprek? Waarom wel, waarom niet?

C 2.5

Vraag aan je leraar of lerares:
- Welke zinnen zijn er niet in goed Nederlands geschreven?
- Welke delen moeten er worden gecorrigeerd of opnieuw geschreven?

M 2: feedbacklijst

	Wat was er goed?	Wat kan er nog beter?	Concrete tips
feedback- ronde 1			
feedback- ronde 2			
feedback- ronde 3			
feedback van je leraar / lerares			

C 2.5

Herschrijf jouw e-mail en je cv op basis van de feedback.

C 3

Jullie hangen jullie sollicitatiebrieven in de klas op.
Stel je voor dat je de beheerder van de camping bent en schriftelijk feedback op een van de sollicitatiebrieven geeft. Maak gebruik van het onderstaande briefje en geef feedback op ten minste één sollicitatiebrief.

-------✂----------------------------✂---------------------------------✂----------

Beste________________,

____

____

Met vriendelijke groet,

-------✂----------------------------✂---------------------------------✂------

C 3 **Op naar de top!** uitdagende opdracht

Werk samen met twee andere leerlingen. Je vindt jouw groep bij de bushalte in het klaslokaal.
[Net zoals de mensen bij een bushalte op de bus wachten, wachten jullie op iemand anders die ook al klaar is. Dan gaan jullie samenwerken. De plaats van de bushalte vind je aangegeven in het klaslokaal.]

Jullie lezen de sollicitatiebrieven van jullie medeleerlingen en dan oefenen jullie het sollicitatiegesprek. Iedereen is nu om de beurt de beheerder van de camping.
Vertel achteraf welke van de twee personen je zou kiezen voor de baan. Vertel ook aan hen waarom je voor die persoon hebt gekozen en waarom hij of zij tijdens de sollicitatie de beste indruk heeft gemaakt.

- Maak bijvoorbeeld gebruik van *omdat* en *want* als je iets beredeneert.
- Je hebt de conditionalis hiervoor nodig.
  (Bijvoorbeeld: “Heb je al een idee voor een avondprogramma?” – “Ik zou met de kinderen bijvoorbeeld een nachtwandeling kunnen maken.”)

Anhang

Lösungsblatt zu A 4.1

Lösungswörter in Schwarz und Fettdruck markiert

horizontaal:

kampvuur, entertainer, ansichtkaart, zwemmen, barbecueën, zee, parkeerplaats, solliciteren, kinderen, camping

verticaal:

voetballen, natuur, wandelen, ijs, strand, baan

V	X	A	M	W	A	R	K	**R**	**U**	**U**	**V**	**P**	**M**	**A**	**K**
I	V	U	**R**	**E**	**N**	**I**	**A**	**T**	**R**	**E**	**T**	**N**	**E**	**D**	T
A	Z	M	T	X	Z	V	K	O	P	I	T	I	G	**N**	X
V	**A**	**N**	**S**	**I**	**C**	**H**	**T**	**K**	**A**	**A**	**R**	**T**	R	**A**	**B**
O	U	**N**	Z	I	**N**	**E**	**M**	**M**	**E**	**W**	**Z**	I	Z	**R**	**A**
E	H	**E**	**B**	**A**	**R**	**B**	**E**	**C**	**U**	**E**	**Ë**	**N**	A	**T**	**A**
T	N	**L**	I	W	I	B	T	D	G	K	D	V	J	**S**	**N**
B	**Z**	**E**	**E**	F	I	**S**	S	T	K	I	O	L	F	F	P
A	**R**	**D**	I	D	R	**J**	D	B	Q	J	N	O	U	S	M
L	**U**	**N**	D	Y	Q	**I**	X	D	H	I	F	F	Y	Z	B
L	**U**	**A**	**S**	**T**	**A**	**A**	**L**	**P**	**R**	**E**	**E**	**K**	**R**	**A**	**P**
E	**T**	**W**	O	Z	U	P	A	U	I	C	H	T	N	E	L
N	**A**	P	C	Q	C	Q	J	Q	N	X	P	B	U	L	L
I	**N**	X	B	**S**	**O**	**L**	**L**	**I**	**C**	**I**	**T**	**E**	**R**	**E**	**N**
J	L	F	P	Q	C	W	**K**	**I**	**N**	**D**	**E**	**R**	**E**	**N**	U
N	S	L	Q	F	J	L	L	**C**	**A**	**M**	**P**	**I**	**N**	**G**	N

Lernaufgabe 4.3

Nationale feestdagen in de media: een e-mail schrijven (A2/B1)

Hör-Seh-Verstehen:
einem Videoclip Einzelinformationen und Hauptaussagen entnehmen

 **Schreiben**:
einen einfach strukturierten Text (E-Mail) nach Vorgaben verfassen

Interkulturelle Kompetenz:
Gemeinsamkeiten und Unterschiede im Umgang mit niederländischsprachigen Medien entdecken; Stereotypen aufspüren und hinterfragen

Methodische Kompetenz:
bekannte Methoden (Mindmapping, Think-Pair-Share) zum Lernen anwenden und Strategien (*checklijst*, *zelfevaluatie*) zur Evaluation eigener und fremder Lernprozesse nutzen

Wortschatz:
Königshaus, E-Mails

Thematische Anbindung:
Einblick in das politische, kulturelle und soziale Leben

(Handlungs-) Produkt der Zielaufgabe:
E-Mail

Differenzierungen, z.B.:
Aufgabenstellung (A3 ,B1); Interesse (A4.1a/b); Scaffolding (A4.1a, A6, A7, B1); niveaudifferenter Zielauftrag

Bearbeitungszeit:
ca. 270 Minuten

Zielgruppe, z.B.:
Sek. I: Jgst. 10 (N6), 9 (N8); Sek. II: EF, Q1

Hilfsmittel bzw. Lernmaterial:
Zweisprachige Wörterbücher, Videoclip (www.youtube.com/watch?v=MEUKyKb4g6k, 03.11.2017)

Empfehlungen: Einsatz von
- digitalen Medien (z. B. *Explain Everything*),
- zielsprachigen Praxishilfen (z. B. *Diagnosticeren: luisteren en kijken*, *Stappenplan*, *Checklijsten*)
  aus: Hobbelink, Digna und Nicole Lücke (2018): Diagnostizieren, fördern und evaluieren im kompetenzorientierten Niederländischunterricht – Hilfen für eine zielsprachige Unterrichtspraxis. Niederländischunterricht konkret – Band 2. Münster: agenda.

Tipp: Ergänzung um Sprachmittlungsaufgaben

Doelopdracht van deze lessenreeks

Over twee maanden vindt de uitwisseling met jullie Nederlandse partnerschool plaats. Het thema van deze uitwisseling is “Duitsland – Nederland: nationale feestdagen in de media“. De bedoeling van dit project is dat zowel de Duitse als de Nederlandse leerlingen een medium uit het andere land kiezen en als voorbereiding op de uitwisseling over het thema met elkaar in gesprek gaan. Jullie hebben voor het *Koningslied* uit 2013 gekozen.

Fase A – oriënteren en voorbereiden

De volgende opdrachten (= A) activeren je voorkennis en helpen je de doelopdracht te kunnen uitvoeren. Centrale vragen in deze fase zijn: waar gaat de lessenreeks over? Wat weet je al over dit thema? Hoe kan ik de doelopdracht zelfstandig aanpakken?

A 1 Informatie over het *Koningslied*

A 1.1

Lees de volgende informatie rond het *Koningslied*.

Markeer belangrijke woorden rond het thema koningshuis en *Koningslied*.

Willem Alexander is koning van Nederland. Op 30 april 2013 heeft hij zijn moeder Beatrix opgevolgd. In 2013 werd deze dag nog Koninginnedag genoemd, maar sinds 2014 wordt de dag Koningsdag genoemd. Deze dag wordt gevierd op 27 april. Dat is namelijk de verjaardag van Willem Alexander.

Bekende Nederlandse componisten en zangers hebben in het kader van de troonswisseling besloten dat er iets bijzonders moest gebeuren: ze wilden een Koningslied schrijven. Maar om een goede tekst te kunnen schrijven heb je inspiratie nodig. En die wilden de liedmakers van het Nederlandse volk krijgen. De Nederlanders konden hun “dromen voor het land” via een website inleveren. De hoofdcomponist John Ewbank maakte gebruik van meer dan 3.000 ingezonden dromen voor het land.

Het lied werd op 19 april 2013 gepresenteerd op initiatief van het Nationaal Comité Inhuldiging. Dit was een commissie die was ingesteld door de ministerraad van Nederland. Het was de taak van deze commissie om landelijke festiviteiten rond de troonswisseling te initiëren en te coördineren.

A 1.2

Beantwoord op basis van de informatie rond het *Koningslied* de volgende vragen. Gebruik daarvoor de vorm van een mindmap. Neem de mindmap in je schrift over.

- Waar gaat het lied over volgens jou?
- Wat verwacht je van een lied met betrekking tot de muziek?
- Wat kun je volgens jou in een videoclip over dit lied zien?

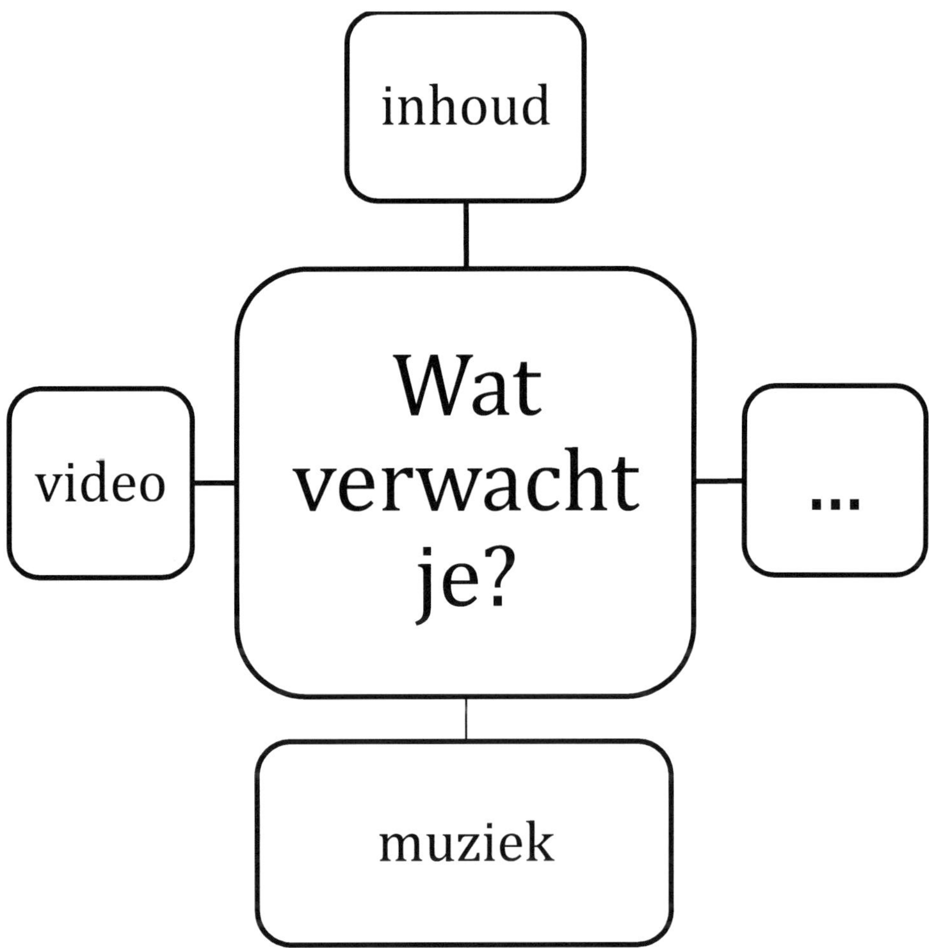

A 1.3

Vergelijk je resultaten met die van je buurvrouw of buurman en vul je mindmap aan.

A 2.1 de eerste indruk

Je gaat zo meteen een deel (tot 0:29 min) van de muziekvideo bekijken. Lees altijd eerst de opdrachten en ga pas daarna met de opdrachten aan het werk.

1. Wat voor een stemming roept de muziekvideo op?

____

____

2. Hoe gaat de muziekvideo verder volgens jou?

____

____

A 2.2 Waar gaat het *Koningslied* over?

Je gaat nu de hele muziekvideo bekijken. Kruis het juiste antwoord aan.

1. Wie zingt er?
   - o koning Willem-Alexander
   - o koningin Beatrix
   - o het Nederlandse volk
   - o één beroemde Nederlandse zanger

2. Waar gaat het lied over?
   - o Het gaat over de kroning van Willem-Alexander.
   - o Het gaat over de verjaardag van Willem-Alexander.
   - o Het gaat over het gezin van Willem-Alexander.
   - o Het gaat over het verleden van Willem-Alexander.

3. Wat voor mensen zie je in de muziekvideo?
   - o Ik zie alleen maar mensen uit het koningshuis.
   - o Ik zie alleen maar beroemde zangers.
   - o Ik zie Willem-Alexander met zijn vrouw Maxima en hun drie dochters.
   - o Ik zie heel veel verschillende mensen.

4. Wat zijn de mensen aan het doen?
   - o Ze zijn aan het sporten.
   - o Ze zijn allemaal thuis.
   - o Je ziet de mensen in alledaagse situaties.
   - o Ze zijn op vakantie.

A 3 W domino

Je gaat met z'n tweeën de belangrijke woorden oefenen. Knip daarvoor de vakjes op de stippellijn uit en breng ze in een goede volgorde: om de beurt moeten jullie het juiste knipsel aanleggen.

Soms is het makkelijker om nieuwe woorden te leren als je de betekenis van woorden uit een andere en bekende taal afleidt. Schrijf onder het Duitse woord het woord in een andere taal op.

iemand beschermen	der Löwe /
iemand behoeden	die Krönung /
zij aan zij staan	die Fahne /
de kroon	das Gemeinschaftsgefühl /
drooglеggen	die Tradition /
het alledaagse leven	jemanden behüten /

trots zijn op	das Vaterland /
achter iemand staan	die Kultur /
in iets geloven	stolz sein auf /
veilig	das Königshaus /
vechten voor	der Alltag /
de traditie	kämpfen für /

et vaderland	der König /	**de cultuur**	trockenlegen, entwässern /
de motivatie	Seite an Seite stehen /	**de vlag**	die Monarchie /
de leeuw	sicher /	**de kroning**	das Volk /
het gemeenschaps-gevoel	die Tradition /	**de traditie**	jemanden beschützen /
de monarchie	an etwas glauben /	**het koningshuis**	die Motivation /
het volk	hinter jmd. stehen /	**de koning**	die Krone /

A 3 **Op naar de top!** uitdagende opdracht

Zijn jullie al klaar? Speel het spel dan nog een keer en maak steeds een zin met het betreffende woord.

A 4 het *Koningslied*

A 4.1a: groep a

Jullie worden in twee groepen ingedeeld (a / b). Groep a gaat slechts luisteren, groep b mag bovendien kijken.
Groep a draait zich om. Probeer de juiste woordjes in het volgende gedeelte van de songtekst in te vullen. Als je na het luisteren hulp nodig hebt, kunnen de woorden aan het eind van deze pagina je helpen.

[...]
1. Daar sta je dan
   ____________ heeft een tak in
   dit leven
   Alles gedaan om je voor te bereiden
   [...]

2. Iedere stap die je zette die leidde
   naar hier
   en kijk om je heen
   wij lopen ____________________
   Door de regen en de wind
   zal ik __________ je blijven staan
   Ik __________ je tegen
   alles wat komt
   [...]

3. Een vlag, twee______________
   Met elkaar in de zon en de regen
   _______________, borst vooruit
   _______________ als een pauw
   dit is ons geluid
   En hoe klein we ook zijn
   Onze daden zijn ____________

4. Drie __________ in de lucht, kom op,
   kom op
   De W van ________ is de W van wij
   Heel _____________ staat zij aan zij
   De W van _____________
   waar ze nooit voor wijken.
   [...]

5. De W van _________ in ons midden
   Tot welke God je ook moge bidden
   De W van Willem
   [...]

6. En als je ooit je __________ verliest
   Ben ik je baken in de nacht
   Ik __________ je de haven
   in de duisternis

W	naast – wijs – Willem – met je mee – weg – ieder mens – vingers – bescherm – leeuwen – water – zij aan zij – trots – groot – oranje – welkom

A 4.2a

Vergelijk je resultaten met die van een partner van dezelfde groep.

A 4 het *Koningslied*

A 4.1b: groep b

Jullie worden in twee groepen ingedeeld (groep a en groep b). Groep a gaat slechts luisteren en groep b mag bovendien kijken. Probeer zo veel mogelijk zinnen compleet te maken.

1. De mensen bevinden zich in __________ (België / Nederland).

2. Op hun gezichten kan men een __________ (glimlach / traan) zien.

3. Het teken voor Willem wordt met __________ (drie / vijf) vingers gemaakt.

4. De mensen ______________________________ (zien er allemaal vrijwel hetzelfde uit / zijn allemaal verschillend).

5. De mensen die niet aan het zingen zijn, worden in __________ (alledaagse / bijzondere) situaties getoond.

6. De mensen die aan het zingen zijn, staan ____________________ (op een podium / in een studio).

7. Het teken "W" staat voor __________ (Willem / water).

8. De mensen die zingen en de mensen die niet zingen, worden ________________________ (op hetzelfde ogenblik / onafhankelijk van elkaar) getoond.

A 4.2b

Vergelijk je resultaten nu met die van een partner van dezelfde groep.

A 4.2a & b

Daarna gaan we de oplossingen in de klas bespreken.

A 4.5 Interpretatie van het *Koningslied*

A 4.5.1

Lees nu de gehele songtekst M 2. Bespreek open vragen met je buurvrouw of buurman. Indien nodig gaan jullie nog een keer naar het liedje kijken en luisteren. Markeer kernwoorden en kernzinnen.

A 4.5.2

Kijk nu nog een keer naar de songtekst: kies voor een trefwoord uit het lied (links) en beantwoord de vragen (rechts).

trefwoord op regel	Welke eigenschappen worden er hier aan het Nederlandse volk toegeschreven? Hoe wordt de relatie van de Nederlanders met hun koning getoond? Waar zijn de Nederlanders volgens het lied trots op?

A 4.5.3 verwachtingen & intentie

1. Wat is volgens jou de intentie van het lied?
2. Vergelijk nu jouw verwachtingen van het lied uit opdracht A1 met dat wat je tot nu toe over het lied hebt uitgewerkt. Wat vind je verrassend?

A 5 vergelijking met Duitsland

Je hebt het *Koningslied* leren kennen en een indruk ervan gekregen hoe het Nederlandse volk wordt getoond en hoe de Nederlanders volgens de liedmakers over hun koning denken.
Bespreek met een partner de volgende vragen en maak notities om je ideeën aansluitend mondeling aan de hele klas voor te stellen:

1. Hebben wij in Duitsland liedjes die een gemeenschapsgevoel tonen? Zo ja, welke? Zo nee, waarom niet, denk je?

___

___

___

2. Zou je zo'n liedje voor Duitsland passend / leuk vinden? Waarom wel / niet? Leg uit!

___

___

___

___

3. Denk je dat een land een koning of een koningin nodig heeft om een gemeenschapsgevoel in de maatschappij te ontwikkelen? Leg uit!

___

___

___

___

Tip: Denk in de context van een gemeenschapsgevoel / verbondenheid en trots zijn op het eigen land niet alleen maar aan de politiek.

A 6 Het *Koningslied* – een leuk liedje?

Je hebt al de video en de tekst bekeken. Beoordeel nu de muziek. Wat is je indruk? Schrijf de antwoorden op de onderstaande vragen op.

1. Welke muziekgenres vind je in het lied? Wat vind je van de verschillende muziekgenres in het lied?

____

____

____

2. Welke indruk maakt de melodie van het lied op jou en waarom? Als je hulp nodig hebt, kunnen de woorden aan het eind van deze pagina je helpen.

____

____

3. Vind je dat de tekst van het lied, de videoclipbeelden en de muziek bij elkaar passen? Leg je mening uit.

____

____

____

4. Wat vind je van het lied en waarom?

____

____

____

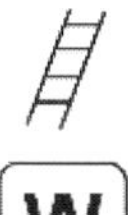 **W**	vrolijk – verdrietig – triest – grappig – feestelijk – emotioneel – belachelijk – ernstig – vervelend – amusant – ontspannend – onderhoudend – vreselijk – geweldig – verschrikkelijk – plezierig – imponerend – bespottelijk – diepgaand – prachtig – heerlijk – slecht – pijnlijk – banaal – harmonisch – sentimenteel

A 7 het *Koningslied* in discussie

Als je op internet gaat surfen, kun je bijvoorbeeld de volgende meningen over het *Koningslied* lezen:

Sanne: Dit is gewoon erg vreselijk. Daar moeten we ons echt voor schamen.

Mees: Wat een "interessant" lied maar ik moet eerlijk zeggen dat ik mij een beetje gediscrimineerd voel want de zin "Tot welke God je ook mag bidden" verwacht dat ik als Nederlander in een God geloof. Dat is niet zo. Ik weet niet of er een godheid bestaat. Ben ik dus geen Nederlander?

Xavi: Het lijkt op een kinderliedje. Hoe kan men zo iets van een serieuze staatsgebeurtenis maken? En dan nog zo'n rap-gedeelte daarbij.

Melle: @ Xavi: Ik vind de grammatica wel erger dan de melodie. Dat maakt het lied slecht.

Kelly: Ik zou nooit de dingen doen die worden gezongen. Hoe ook? Hoe kan ik het water bij hem vandaan houden? Ik vind het overdreven. Maar verwensingen aan het adres van de hoofdcomponist Ewbank – dat vind ik ook overdreven! Ik heb zelfs gehoord dat hij het lied op 20 april 2013 heeft teruggetrokken.

1. Leg uit welke kritiek er op het *Koningslied* wordt geleverd.

____

____

____

____

____

2. Is je mening van opdracht A6 na het lezen van bovenstaande commentaren veranderd? Waarom wel of waarom niet?

____

____

____

A 8 een e-mail schrijven

Je krijgt een e-mail van je Nederlandse uitwisselingspartner Dirk. Lees eerst de e-mail en schrijf een antwoord op de e-mail van Dirk.

	van: **Dirk Smit** dagtekening: **4 maart 20....** aan: **Noah Zander** cc: **Jan Houten** onderwerp: **Je komt op bezoek?**
aanspreektitel →	Beste Noah,
inleiding →	Bedankt voor jouw e-mail. Ik vond het hartstikke leuk om iets van je te horen. Hoe gaat het op school? Gaat het goed met ons project?
	Leuk dat je van plan bent om in mei enkele dagen bij ons te komen logeren. Begin mei heb ik meivakantie en op 4 en 5 mei vinden er verschillende activiteiten plaats die je zeker interessant zult vinden. Lijkt je dat wat?
uitnodiging →	Op 27 juni ga ik samen met Jan mijn verjaardag vieren. Ben je al eens op een Nederlands verjaardagfeestje geweest? Ik denk dat er wel wat verschillen met Duitse verjaardagsfeestjes zullen zijn. Ik zou het superleuk vinden als je komt. Mijn vrienden willen je graag leren kennen.
conclusie →	Ik hoop dat het allemaal gaat lukken.
afsluiting →	Ik kijk ernaar uit je weer te zien. Doe maar de groeten aan jouw gezin.
afmelding →	Groetjes,
ondertekening →	Dirk
postscriptum →	P.S. Laat alsjeblieft even weten of je op mijn verjaardagsfeestje komt.

- Markeer alle vragen die je moet beantwoorden.
- Zeg dat je blij bent iets van hem te horen of omdat je zijn mailtje krijgt.
- Reageer op alle vragen en de informatie in Dirks e-mail.
- Stel vragen aan Dirk.
- Vertel iets nieuws.
- Doe de groeten aan zijn gezin.
- Controleer alles nauwkeurig voordat je je e-mail verstuurt.

Fase B – zelfstandig werken en uitvoeren

Ga nu aan de slag met de doelopdracht. Probeer zoveel mogelijk zelfstandig te werken. Je krijgt natuurlijk individuele aandacht van je leraar of lerares Nederlands – maar probeer eerst zelf oplossingen te bedenken voor eventuele moeilijkheden die je tegenkomt.

  **Doelopdracht: een e-mail schrijven**

Situatie
Over twee maanden vindt de uitwisseling met jullie Nederlandse partnerschool plaats. Het thema van deze uitwisseling is "Duitsland – Nederland: nationale feestdagen in de media". De bedoeling van dit project is dat zowel de Duitse als de Nederlandse leerlingen een medium uit het andere land kiezen en als voorbereiding op de uitwisseling over het thema met elkaar in gesprek gaan. Jullie hebben voor het *Koningslied* uit 2013 gekozen.

Doelopdracht
Schrijf een **e-mail** aan je uitwisselingspartner van jullie Nederlandse partnerschool waarin je je mening over het *Koningslied* uit 2013 uitdrukt.

Let op de volgende punten:
- Wat ben je te weten gekomen over het *Koningslied*?
- Waarom vind je het goed / niet goed?
- Bestaan er vergelijkbare liedjes voor Duitsland?
- Heb je vragen aan je partner met betrekking tot het *Koningslied*? Formuleer er ten minste drie.

Je mag gebruikmaken van je mindmap en je notities van de andere oefeningen. Ga in je e-mail ook in op (de discussie rond) de kwaliteit van het lied en zoek op internet informatie over de toon van de reacties en de gevolgen ervan. Schrijf je e-mail aan je uitwisselingspartner in je schrift.

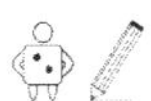

Je mag gebruikmaken van je mindmap, je notities van de andere oefeningen en de voorgedrukte e-mail (M 1). Maak de e-mail aan je uitwisselingspartner compleet en probeer ook zelf een paar zinnen op te schrijven.

Je mag gebruikmaken van je mindmap, je notities van de andere oefeningen en de voorgedrukte e-mail (M 2). Maak de e-mail aan je uitwisselingspartner compleet.

 Gedifferentieerde doelopdracht

Situatie

Over twee maanden vindt de uitwisseling met jullie Nederlandse partnerschool plaats. Het thema van deze uitwisseling is "Duitsland – Nederland: nationale feestdagen in de media". De bedoeling is dat zowel de Duitse als de Nederlandse leerlingen een medium uit het andere land kiezen en als voorbereiding op de uitwisseling over het thema met elkaar in gesprek gaan. Jullie hebben voor het *Koningslied* uit 2013 gekozen.

Doelopdracht

Schrijf een paar zinnen voor een e-mail aan je uitwisselingspartner van de Nederlandse school op waarin je

- je mening over het *Koningslied* uit 2013 duidelijk maakt,
- drie vragen noemt die je aan je uitwisselingspartner zou stellen.

Als er iets onduidelijk is, formuleer dan concrete vragen die je samen met een klasgenoot of klasgenote gaat bespreken.

M 1: e-mail aan je uitwisselingspartner

Keulen, 1 mei 20 . .

Beste ____________,

Hoe gaat het met jou? Met mij gaat het goed. Als voorbereiding op het thema van onze uitwisseling “Duitsland – Nederland: nationale feestdagen in de media” hebben we ons afgelopen week in de cursus Nederlands intensief beziggehouden met het *Koningslied*. Ik wil je nu graag laten weten wat ik van dit liedje vind. Ik vind het________________!

____

____

____

Ik heb gezien dat er in Nederland heftig is gediscussieerd over het *Koningslied*.

____

____

____

____

Volgens mij

____

____

____

In Duitsland is het zo:

____

____

____

Ik verheug me op onze uitwisseling!

Groetjes, ________________

M 2: e-mail aan je uitwisselingspartner

Keulen, 1 mei 20 . .

Beste ____________,

Hoe gaat het met jou? Met mij gaat het goed. Als voorbereiding op het thema van onze uitwisseling "Duitsland – Nederland: nationale feestdagen in de media" hebben we ons afgelopen week in de cursus Nederlands intensief beziggehouden met het *Koningslied*. Ik wil je nu graag laten weten wat ik van dit liedje vind. Ik vind het________________!

____

____

Ik heb gezien dat er in Nederland heftig is gediscussieerd over het *Koningslied*. Op het internet heb ik gezien dat de kritiek zich vooral richtte op de volgende aspecten:

____

____

____

Dat vond ik echt ______________________ omdat ___________________

____

____

Wat vind / vond jij van de discussie rond het *Koningslied*? Ik heb zelfs gehoord dat de hoofdcomponist Ewbank het lied op 20 april 2013 teruggetrokken heeft naar aanleiding van verwensingen aan zijn adres. Maar in de Nederlandse Single Top 100 kwam het lied tegelijkertijd binnen op nummer 1, toch?

Volgens mij ____

In Duitsland is het zo: ____

____

____

Voor welk medium hebben jullie voor de uitwisseling gekozen? Ik verheug me op onze uitwisseling!

Groetjes, _______________

Fase C – terugkijken en beoordelen

In deze fase staat het beoordelen en het waarderen van het resultaat centraal. Verder ga je in deze fase reflecteren op het verloop van je leerproces. De volgende opdrachten doelen op het beantwoorden van de vragen: hoe schat ik mijn werkresultaat in? Hoe heb ik gewerkt? Wat zijn mijn sterke punten? Wat zijn mijn zwakke punten? Hoe kan ik het de volgende keer beter doen?

C 1 feedback geven

Lees nu de e-mail van een klasgenoot. Kijk naar de checklijst M 3 en beoordeel of je klasgenoot de aspecten goed heeft vormgegeven. Geef advies en zeg bovendien ook wat er al goed is gedaan. Noem voorbeelden voor wat nog beter kan.

C 2 zelfevaluatie

Kijk nog een keer naar je eigen e-mail en probeer de feedback van je partner te verwerken. Wat kun je al goed en waar moet je nog aan werken? Maak notities.

C 3 tekst verbeteren

Corrigeer jouw tekst op basis van de feedback en je zelfevaluatie. Als je nog moeilijkheden hebt, kijk dan naar de voorgedrukte e-mail (M 2) of e-mail (M 1) of vraag iemand om hulp wiens e-mail al goed gelukt is.

C 4 beoordelen

Bekijk en beoordeel de e-mails van je klasgenoten doordat je op basis van de checklijst punten geeft.
Je hebt pennen met verschillende kleuren nodig om punten te geven en de e-mails op basis van de criteria te kunnen evalueren. Beoordeel de e-mails van je klasgenoten doordat je stippen op de e-mails tekent. Je mag iedere kleur in totaal twee keer gebruiken (bijvoorbeeld: structuur: geel / inhoud: blauw / taal: groen).

C 5 discussie

Bij opdracht C 4 heb je punten aan je klasgenoten gegeven. Maar waarom? Schrijf eerst in het kort op waarom je de punten bij opdracht C 4 zo hebt verdeeld. Dan bespreken jullie samen met je leraar / lerares in de klas welke e-mails met betrekking tot de verschillende categorieën het best zijn.

M 3: checklijst voor de e-mail van ____________________

De schrijver / schrijfster van de e-mail	✓ / -	commentaar
Structuur		
… noemt datum en plaats.		
… schrijft een inleiding.		
… verwijst naar de uitnodiging om een e-mail te schrijven.		
... kiest voor een passende afsluiting.		
Inhoud		
… schrijft een inleiding met de reden voor het schrijven.		
… vertelt wat hij / zij te weten gekomen is.		
… verzamelt verschillende argumenten / aspecten.		
… geeft stevige argumenten voor haar / zijn mening over de inhoud.		
... laat de uitwisselingspartner weten hoe de situatie met zulke liedjes in Duitsland is.		
… stelt ten minste drie vragen.		
… sluit de e-mail af met een conclusie, een wens of een verzoek.		
Taal		
… beheerst: - de / het-woorden, - de grammatica, - de zinsbouw, - de spelling.		
... gebruikt de woordenschat “meningsuiting”.		
... gebruikt verschillende adjectieven om zijn / haar gedachten / gevoelens etc. uit te drukken.		
… schrijft helemaal in het Nederlands.		

M 4: KONINGSLIED

Daar sta je dan
Je zag dit moment al zo vaak in je dromen
daar is t dan
De dag die je wist dat zou komen
is eindelijk hier
Ben je er klaar voor?
Kun je dat ooit echt zijn?

Daar sta je dan
Ieder mens heeft een taak in dit leven
Alles gedaan om je voor te bereiden
Daar is het dan
Je belooft dat je alles zult geven
Iedere stap die je zette die leidde naar hier
En kijk om je heen
Wij lopen met je mee

Door de regen en de wind
Zal ik naast je blijven staan
Ik bescherm je tegen alles wat komt
Ik zal waken als jij slaapt
Ik behoed je voor de storm
Hou je veilig zo lang als ik leef

Een strijd, twee levens
We staan voor elkaar, niet te breken
Een vlag, twee leeuwen
Met elkaar in de zon en de regen
Zij aan zij, borst vooruit
Trots als een pauw, dit is ons geluid
En hoe klein we ook zijn
Onze daden zijn groot
Gaan niet onderuit
Voor jou, mijn kind
Voor m'n pa, voor m'n ma
Loop voor jou door de wind en regen
En zal achter je blijven staan
Ik draag een vaandel met jouw naam
Geloof in jou zolang we bestaan
Ik bouw een dijk met m'n blote handen
En hou het water bij jou vandaan

Laat me weten wat je droomt
Waar je hart zo naar verlangt
Ik zal niet rusten tot het waar geworden is

En als je ooit je weg verliest
Ben ik je baken in de nacht
Ik wijs je de haven in de duisternis

Ik zal strijden als een leeuw
Tot het jou aan niets ontbreekt
Hou je veilig zo lang als ik leef

De W van Willem
Drie vingers in de lucht, kom op, kom op
De W van Willem is de W van wij
Heel Oranje staat zij aan zij
De W van water waar we niet voor wijken
We leggen het droog en we bouwen dijken
De W van welkom in ons midden
Tot welke God je ook moge bidden
De W van Willem
De W van wakker, stamppot eten
Miljoenen coaches die beter weten
De W van altijd willen winnen
Wat het ook is waar wij aan beginnen
De W van wij zijn een met elkaar
Met de schouders, naast elkaar
En dus roepen we vandaag van

Door de regen en de wind
Zal ik naast je blijven staan
Ik bescherm je tegen alles wat komt
Ik zal waken als jij slaapt
Ik behoed je voor de storm
Hou je veilig zo lang als ik leef

Laat me weten wat je droomt
Waar je hart zo naar verlangt
Ik zal niet rusten tot het waar geworden is
En als je ooit je weg verliest
Ben ik je baken in de nacht
Wijs je de haven in de duisternis

Ik zal strijden als een leeuw
Tot het jou aan niets ontbreekt
Hou je veilig zo lang als ik leef

Lernaufgabe 4.4

"Oorlogsgeheimen": een dagboekaantekening schrijven (B1)

◎ **Schreiben**:
Lern- und Arbeitsprozesse mit eigenen Notizen begleiten; Ergebnisse schriftlich dokumentieren; kurze, einfach strukturierte Texte verfassen (Charakterisierung, Tagebucheintrag)

◎ **Leseverstehen**:
zentrale Aussagen von einfachen, klar strukturierten Texten erfassen und ihnen gezielt Informationen entnehmen

Methodische Kompetenz:
eigene Fehlerschwerpunkte erkennen und aufarbeiten (vgl. *feedbackformulier*); den eigenen Lernfortschritt anhand geeigneter Evaluationsinstrumente einschätzen und dokumentieren

Wortschatz:
Zweiter Weltkrieg; Charakterisierung

Thematische Anbindung:
Gesellschaftliches Leben; Lebens- und Erfahrungswelt junger Erwachsener; Zweiter Weltkrieg; Roman "Oorlogsgeheimen" von Jacques Vriens

(Handlungs-) Produkt der Zielaufgabe:
Tagebucheintrag

Differenzierungen, z.B.:
Aufgabenstellung (A2, A7.1, C); Interesse (A7, C); Scaffolding (A1, B1 ; Zeit (A7, C); niveaudifferenter Zielauftrag

Bearbeitungszeit:
ca. 360 Minuten

Zielgruppe, z.B.:
Sek. I: Jgst. 10 (N8), Sek. II: Jgst. Q1/2

Hilfsmittel bzw. Lernmaterial:
zweisprachige Wörterbücher; Vriens, Jacques (2007): Oorlogsgeheimen. Houten: Van Holkema & Warendorf; Trailer „Oorlogsgeheimen" (Tiff: Secrets of war trailer / festival 2014, unter: www.youtube.com/watch?v=l4Oc187S7OU, 03.11.2017)

Empfehlungen: Einsatz von
- digitalen Medien (z. B. *Book Creator*, *Puppet Pals*),
- zielsprachigen Praxishilfen (Hobbelink & Lücke 2018).

Doel van deze lessenreeks

Doel van deze lessenreeks is het dat je je in één van de hoofdpersonages uit de roman "Oorlogsgeheimen" van Jacques Vriens verplaatst en een **dagboekaantekening** schrijft.

Fase A – oriënteren en voorbereiden

De volgende opdrachten (= A) activeren je voorkennis en helpen je de doelopdracht te kunnen uitvoeren. Centrale vragen in deze fase zijn: waar gaat de lessenreeks over? Wat weet je al over dit thema? Hoe kan ik de doelopdracht zelfstandig aanpakken?

A 1 W de filmposter

A 1.1

Bekijk de filmposter (M 1). Denk erover na wie de personen zouden kunnen zijn en maak een paar notities.

A 1.2

Ga in gesprek met jouw buurman / buurvrouw en beschrijf wat je ziet.

A 1.3

Stel jullie resultaten aan de klas voor en vul je eigen notities aan.

A 1.4

Discussievraag: wat is de functie van een filmposter?

M 1: een filmposter beschrijven

bron: Film Oorlogsgeheimen

 	Maak gebruik van de volgende woorden: de filmposter, op de voorgrond, op de achtergrond, in het midden, het middelpunt, links / aan de linkerkant, rechts / aan de rechterkant, de kleur, het contrast, de titel, de blik

A 2 de filmtrailer

Jullie kijken naar de officiële trailer van de film "Oorlogsgeheimen" (2014), een literatuurverfilming van het boek *Oorlogsgeheim*en (2007), geschreven door Jacques Vriens. De taal in de trailer is Nederlands maar er is een Engelse ondertiteling. Als je het Nederlands niet goed begrijpt, let dan ook op deze ondertiteling.

A 2.1

Kijk naar de trailer. Wat kun je op basis van de trailer over de film zeggen (bijvoorbeeld: tijd, plaats, thema, hoofdpersonages, titel)?

A 2.2

Ga in gesprek met je buurman / buurvrouw en vergelijk jullie resultaten.
Stel overeenkomsten en verschillen kort mondeling aan de klas voor.

A 2 de filmtrailer

Jullie kijken naar de officiële trailer van de film *Oorlogsgeheimen* (2014), een literatuurverfilming van het boek *Oorlogsgeheimen* (2007), geschreven door Jacques Vriens. De taal in de trailer is Nederlands maar er is een Engelse ondertiteling. Als je het Nederlands niet goed begrijpt, let dan ook op deze ondertiteling.

A 2.1

Lees eerst de vragen. Kijk dan naar de trailer en beantwoord de volgende vragen met trefwoorden.

1. In welke periode speelt de film *Oorlogsgeheimen* zich volgens jou af?

   ____

2. Waar speelt het verhaal zich vermoedelijk af?

   ____

3. Wat is volgens jou het thema van de film?

   ____

4. Wie zijn volgens jou de hoofdpersonages?

   ____

5. Wat is volgens jou het geheim van Maartje?

   ____

A 2.2 &

Ga in gesprek met je buurman / buurvrouw en vergelijk jullie resultaten.
Stel overeenkomsten en verschillen kort mondeling aan de klas voor.

A 2 de filmtrailer

Jullie kijken naar de officiële trailer van de film *Oorlogsgeheimen* (2014), een literatuurverfilming van het boek *Oorlogsgeheimen* (2007), geschreven door Jacques Vriens. De taal in de trailer is Nederlands maar er is een Engelse ondertiteling. Als je enkele Nederlandse woorden niet begrijpt, let dan ook op deze ondertiteling.

A 2.1

Lees eerst de vragen. Kijk dan naar de trailer en kruis het juiste antwoord aan.

1. In welke periode speelt de film *Oorlogsgeheimen* zich volgens jou af?
   a. tijdens de Eerste Wereldoorlog
   b. tijdens de Tweede Wereldoorlog

2. Waar speelt het verhaal zich vermoedelijk af?
   a. in België
   b. in Duitsland
   c. in Nederland

3. Wat is volgens jou het thema van de film?
   a. joden
   b. vriendschap
   c. oorlog

4. Wie zijn volgens jou de hoofdpersonages?
   a. Tuur en Maartje
   b. de Engelse piloten
   c. de ouders van Maartje

5. Wat is volgens jou het geheim van Maartje?
   a. Zij is een bekende dief.
   b. Zij is jodin.
   c. Zij komt uit Antwerpen.

A 2.2 &

Ga in gesprek met je buurman / buurvrouw en vergelijk jullie resultaten.
Stel overeenkomsten en verschillen kort mondeling aan de klas voor.

A 3 de filmtrailer

Je gaat nu nog een keer naar de filmtrailer kijken.

A 3.1

Lees eerst de vragen. Kijk naar de filmtrailer en beantwoord de vragen.

1. Welke indruk maakt de trailer op jou?

____

____

____

2. Verwacht je op basis van de trailer een komedie, een misdaadfilm, een documentaire of een drama? Geef aan waarom.

____

____

____

3. Heeft de trailer bij jou interesse voor de film gewekt? Waarom wel / niet?

____

____

____

A 3.2

Vergelijk jouw resultaten met die van je buurvrouw / buurman.
Stel overeenkomsten en verschillen kort mondeling aan de klas voor.

A 4 [W] een geheim

A 4.1

Waar denk je aan bij het woord "geheim"? Heb je positieve of negatieve associaties, gevoelens of herinneringen? Maak een paar notities.

____

____

A 4.2

Brainstorm over de onderstaande w-vragen en maak notities. Vul daarna de mindmap individueel in. Maak indien nodig gebruik van M 2.
Daarna verzamelen wij met de hele groep de resultaten op het bord.

- Wat voor geheimen kon iemand tijdens de Tweede Wereldoorlog hebben?
- Waarom hielden mensen dingen voor anderen geheim?
- Wat voor gevolgen kon het bewaren respectievelijk prijsgeven / verraden van geheimen hebben?

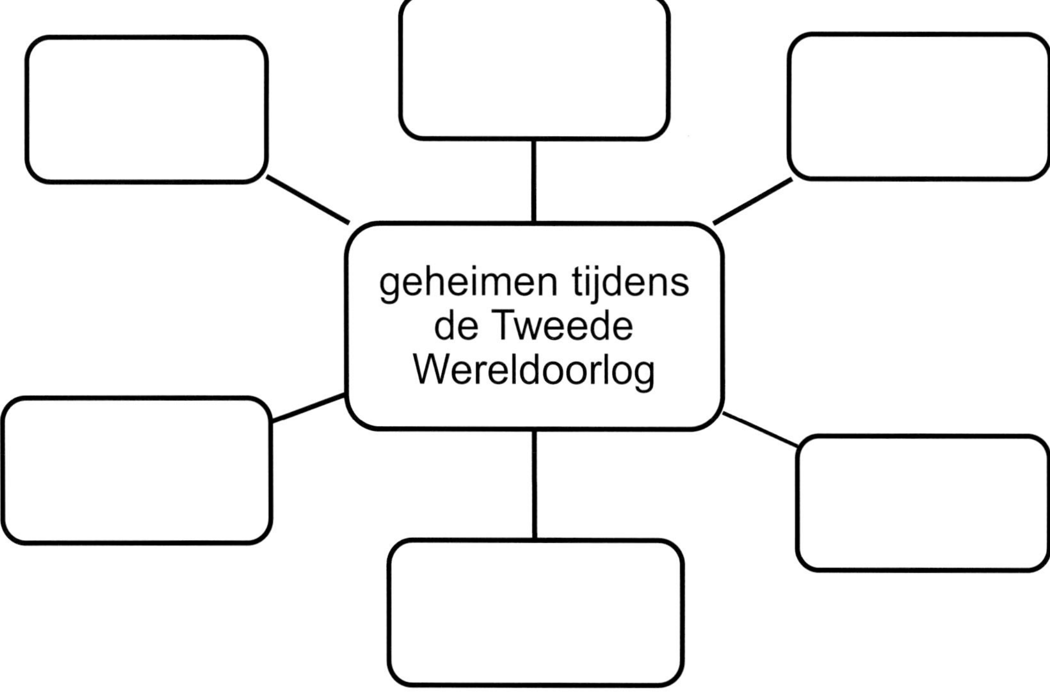

M 2: woorden en uitdrukkingen (WO II)

	voorbeeld
- de religie	- religieus
- het jodendom	- de jood, de joden, joods
- het christendom	- de christen, de christenen
- de onderduiker	- onderduiken
- de overtuiging	- de politieke overtuiging, de seksuele geaardheid
- **de** handicap	- een geestelijke, lichamelijke handicap
- **het** verzet	- zich verzetten tegen, weerstand bieden tegen de nazi's
- de bezetting	- een land bezetten
- het leger	- het Nederlandse/ Duitse leger
- het bombardement	- Het bombardement op Rotterdam vond plaats op 14 mei 1940 rond 13:30 uur.
- **de** gevangenis	- opgesloten worden in een gevangenis
- het concentratiekamp	- het vernietigingskamp (bijvoorbeeld Auschwitz), het doorgangskamp (bijvoorbeeld Kamp Westerbork)
- de NSB'er	- een lid van de Nederlandse NSB (Nationaal-Socialistische Beweging)
- de geallieerden	- De geallieerden in de Tweede Wereldoorlog waren de landen die streden tegen Duitsland, Italië en Japan.
- de bevrijding	- Op 5 mei ondertekenden de Duitsers de capitulatie en was heel Nederland bevrijd.
- capituleren	- Het Duitse leger gaf zich over / capituleerde.
- de hongerwinter	- de winter van 1944/1945 aan het eind van de Tweede Wereldoorlog, de hongersnood

Meertalige woordenlijst

Geheimen tijdens de Tweede Wereldoorlog

A 5 

Je hebt al kennis over andere vreemde talen dan het Nederlands verworven. Nederlands, Duits, Frans en Engels hebben historisch gezien dezelfde oorsprong. Deze verwantschap wordt ook aan de hand van sommige woorden duidelijk. Maak de onderstaande woordenlijst compleet met behulp van je kennis van andere vreemde talen (bijvoorbeeld Engels, Frans), de mindmap, het woordenboek (Nederlands-Duits, Duits-*andere taal*), een beeldwoordenboek of het internet.

Nederlands	**Duits**	**Frans**	**Engels**	**andere taal**
onderduiken				
			the hiding place	
			to be afraid	
	der Krieg			
		la peur		
	der Konflikt			
		la religion		
het geheim				
	der Verrat			
			to keep s.th. secret	

Vergelijk je tabel met die van je buurvouw of buurman: wat valt jullie op?

Bespreek jullie resultaten klassikaal.

A 6 informatie verzamelen over Tuur

A 6.1

Als voorbereiding op de doelopdracht krijg je nu op basis van verschillende hoofdstukken uit het boek *Oorlogsgeheimen* van Jacques Vriens (Houten: Van Holkema & Warendorf, 2007) meer informatie over de hoofdfiguur.

Kies pakket a, b of c:

Pakket **a**: Luchtalarm (p. 9 - p. 13), In de kelder (p. 14 - p. 23)
Pakket **b**: Moord? (p. 24 - p. 29), Meester Jansen (p. 30 - p. 35)
Pakket **c**: Joden (p. 36. – p. 40.), Straf (p. 41. – p. 47)

Elk pakket moet door een gelijk aantal leerlingen gekozen worden.

Markeer in je fragmenten alle passages die iets over Tuur vermelden.

Aanwijzing voor het lezen	
Voorzie tekstpassages die je goed begrijpt van een vinkje.	✓
Zet een vraagteken naast tekstpassages die je niet goed begrijpt.	**?**
Onderstreep onbekende woorden en probeer ze uit de context af te leiden.	Bijvoorbeeld: Ik ben <u>bang</u> omdat mijn familie in gevaar is. (taalverwantschap?)
Zoek de woorden die je niet uit de context kunt afleiden in het woordenboek op.	
Markeer met rood belangrijke woorden of zinnen die iets over gevoelens vermelden.	Bijvoorbeeld: Ik ben **bang** omdat mijn familie in gevaar is.
Markeer met groen belangrijke woorden of zinnen die feiten over het gezin bevatten.	Bijvoorbeeld: Mijn gezin bestaat uit **vijf personen.**

A 6.2

Vervolgens maak je een lijst met alle informatie over Tuur die je in je tekst kunt vinden. Je kunt daarvoor ook passages uit de roman citeren, maar verwijs dan wel naar de pagina.

informatie over Tuur	**pagina / regel**

A 6.3

Als je klaar bent, zoek je een medescholier die dezelfde tekst heeft gelezen. Vergelijk jullie resultaten en vul je eigen lijst met eventueel nieuwe informatie aan.

A 6.4

Maak van de informatie een rangschikking, zoals je hieronder ziet.

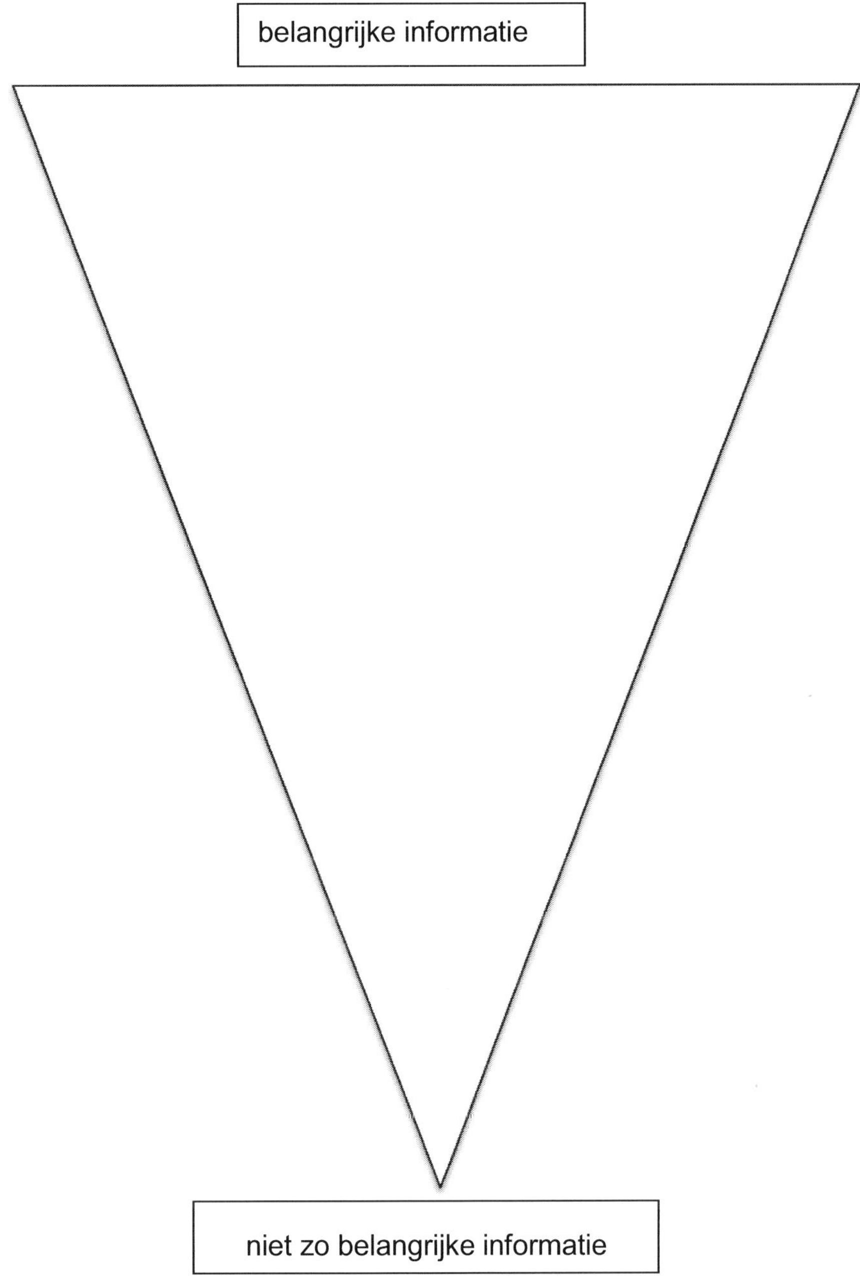

A 6.5

Als je klaar bent, zoek je twee medescholieren die de twee andere pakketten hebben bewerkt. Vergelijk met elkaar jullie driehoeken en vul je notities met informatie over Tuur aan.

A 7 een karakterisering van Tuur

A 7.1

Na de les wil je de link van de trailer van de film *Oorlogsgeheimen* op *Edmodo* (een sociaal netwerk bedoeld voor het onderwijs) posten. Om meer *likes* te krijgen schrijf je samen met de groep een boeiende karakterisering van Tuur met de belangrijkste feiten.

Maak gebruik van de resultaten uit opdracht A 6.2 – 4.

Maak gebruik van de resultaten uit opdracht A 6.2 – 4 en beantwoord daarbij de volgende vragen (M 3).

Maak gebruik van de resultaten uit opdracht A 6.2 – 4, beantwoord daarbij de volgende vragen (M 3) en bekijk de onderstaande informatie over karakteriseringen (M 4).

M 3: vragen
- Hoe oud is Tuur?
- Het hoeveelste kind is hij in het gezin?
- Wie woont er allemaal in huis?
- Hoe ziet het gevoelsleven van Tuur eruit?
- Hoe ziet de financiële situatie van de familie tijdens de oorlog eruit?
- Is hij eerder een introverte of een extraverte jongen? Heeft hij veel vrienden of is hij eerder een einzelgänger?
- Hoe gedraagt het personage zich?
- Vindt er een ontwikkeling van het personage plaats?

M 4: kenmerken van een karakterisering
- belangrijkste karakterkenmerken van een personage bundelen,
- beschrijving van gedachtes, gedrag en uiterlijke kenmerken,
- van buiten (uiterlijke kenmerken) naar binnen (innerlijke kenmerken),
- toont vooral de gevoelswereld en het innerlijke leven van het personage.

A 7.2

Presenteer de karakterisering op een poster. Bekijk daarna de posters van de andere groepen en verdeel *likes* en geef feedback.

A 7 **Op naar de top!** uitdagende opdracht

Als je nog tijd hebt, bekijk je nog een keer de inhoud van de gelezen hoofdstukken en de titel van de roman.
De titel van de roman luidt *Oorlogsgeheimen*. Wat vind je van de titel? Past de titel goed bij de inhoud of kun je een nog betere titel verzinnen? Schrijf kort in trefwoorden je ideeën en argumenten op. Hoe luidt jouw voorstel voor een nieuwe titel voor de roman?

____

____

____

____

____

____

____

____

____

____

De nieuwe titel:

____

Presenteer jouw ideeën aan de gehele klas.

A 8 woorden en uitdrukkingen voor gevoelens

Verzamel woorden en uitdrukkingen voor gevoelens in bepaalde situaties en maak met verschillende kleuren duidelijk welke gevoelens bij elkaar horen. De gevoelens dienen later als hulp voor de dagboekaantekening.

- je hebt slecht nieuws gekregen (rood)
- iemand van wie je houdt, is ziek (groen)
- je hebt net goed nieuws gekregen (blauw)
- je bent verliefd op iemand en je bent van plan dat aan hem / haar te vertellen (zwart)
- je staat voor een moeilijke keuze / een dilemma (oranje)
- je bevindt je in een gevaarlijke situatie (paars)

Maak ook gebruik van een woordenboek!

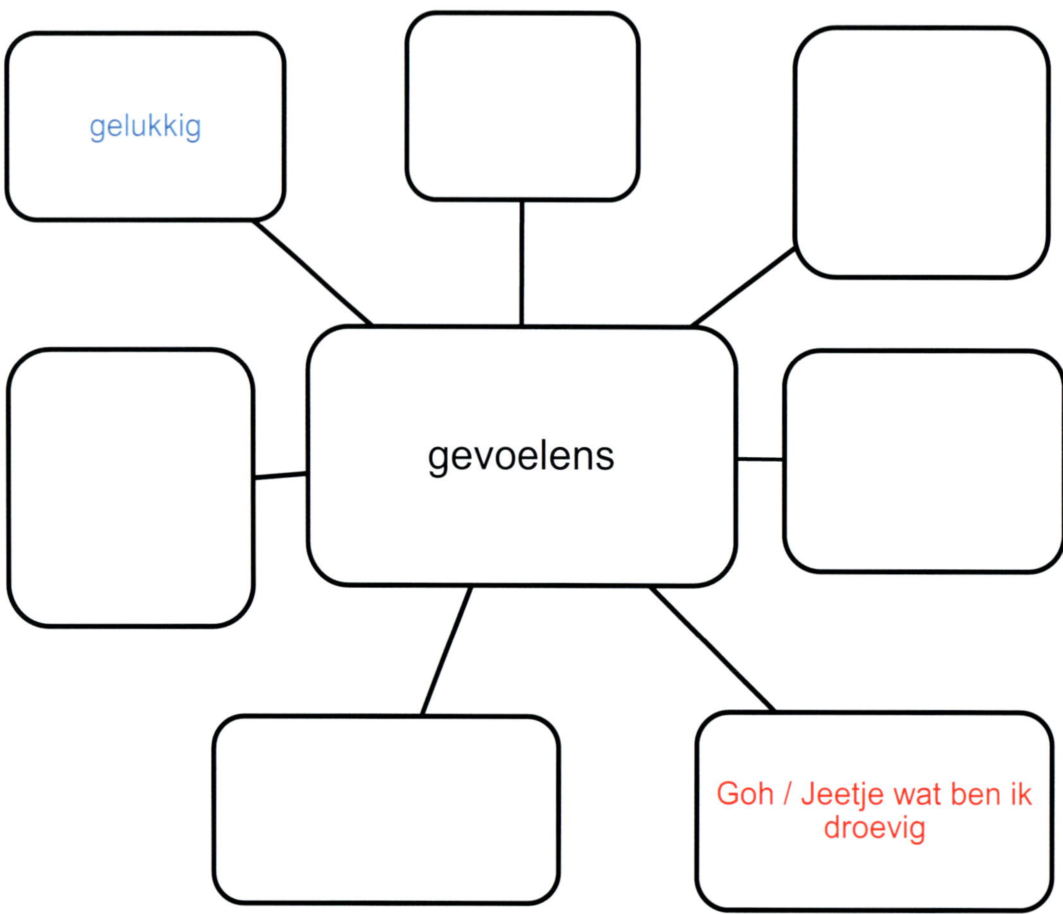

A 9 Tuur en Maartje

Je hebt al kennisgemaakt met Tuur en je kent een aantal feiten uit zijn leven. Welke rol speelt vriendschap voor Tuur en hoe is zijn relatie met Maartje?
Zet opmerkingen (in trefwoorden) bij het plaatje. Maak ook gebruik van de symbolen.

Bron: Film Oorlogsgeheimen (2014)

Tuur Maartje

A 10 kenmerken van een dagboekaantekening

A 10.1

Wat zijn volgens jou kenmerken van een dagboekaantekening? Heb je al kenmerken van een dagboekaantekening in andere vakken leren kennen?

A 10.2

Ga in gesprek met je buurman / buurvrouw en vergelijk jullie resultaten.

A 10.3

De resultaten worden in het plenum besproken. Vul de lijst individueel aan.

Kenmerken van een dagboekaantekening

Fase B – zelfstandig werken en uitvoeren

Ga nu aan de slag met de doelopdracht. Probeer zoveel mogelijk zelfstandig te werken. Je krijgt natuurlijk individuele aandacht van je leraar of lerares Nederlands – maar probeer eerst zelf oplossingen te bedenken voor eventuele moeilijkheden die je tegenkomt.

 Doelopdracht: een dagboekaantekening schrijven

Situatie
De roman *Oorlogsgeheimen* van Jacques Vriens speelt zich af in Zuid-Limburg in het jaar 1943. In het middelpunt staat de relatie tussen Maartje en Tuur. Maartje deelt een groot geheim met Tuur, dat hij aan niemand mag vertellen. Tuur heeft ook een groot geheim. Maar Tuur voert een innerlijke tweestrijd of hij zijn geheim kan delen met Maartje of niet.
Verplaats je in de situatie van Tuur. Maartje vertelt je haar geheim. En nu ben jij aan de beurt. Jij hebt ook een groot geheim. Je ouders verstoppen een Engelse piloot. Maar als je dat vertelt, is jouw hele gezin in gevaar. Welke gedachtes heb je? Kun je Maartje vertrouwen of verzin je liever een ander geheim?

Doelopdracht
Schrijf een **dagboekaantekening** (ca. 200 woorden). Maak gebruik van een woordenboek. Houd daarbij rekening met de kenmerken van een dagboekaantekening en maak ook gebruik van de woordenlijst en de gevoelens-mindmap.

B1: Kenmerken van een dagboekaantekening:
- vanuit het perspectief van het hoofdpersonage,
- aanhef (bijvoorbeeld: Lief dagboek, ...) of direct beginnen,
- datum (hier: 1940 of later),
- korte situatieschets,
- zinnen kunnen afbreken,
- uitdrukking van gedachtes en gevoelens (uit de mindmap),
- vragen formuleren,
- beslissing nemen.

 Gedifferentieerde doelopdracht

Situatie
De roman *Oorlogsgeheimen* van Jacques Vriens speelt zich af in Zuid-Limburg in het jaar 1943. In het middelpunt staat de relatie tussen Maartje en Tuur. Maartje deelt een groot geheim met Tuur, dat hij aan niemand mag vertellen. Tuur heeft ook een groot geheim. Maar Tuur voert een innerlijke tweestrijd of hij zijn geheim kan delen met Maartje of niet.

Verplaats je in de situatie van Tuur. Maartje vertelt je haar geheim. En nu ben jij aan de beurt. Jij hebt ook een groot geheim. Je ouders verstoppen een Engelse piloot. Maar als je dat vertelt, is jouw hele gezin in gevaar. Welke gedachtes heb je? Kun je Maartje vertrouwen of verzin je liever een ander geheim?

Doelopdracht
Welke gedachtes heeft Tuur nu vermoedelijk? Vul de gedachtewolkjes aan.

Formuleer minstens drie zinnen of vragen.

Bron: Film Oorlogsgeheimen (2014)

Fase C – terugkijken en beoordelen

In deze fase staat het beoordelen en het waarderen van het resultaat centraal. Verder ga je in deze fase reflecteren op het verloop van je leerproces. De volgende opdrachten doelen op het beantwoorden van de vragen: hoe schat ik mijn werkresultaat in? Hoe heb ik gewerkt? Wat zijn mijn sterke punten? Wat zijn mijn zwakke punten? Hoe kan ik het de volgende keer beter doen?

C 1

Als je klaar bent met de doelopdracht, zoek je een partner die ook al klaar is. Jullie ruilen jullie tekst en dan geven jullie elkaar feedback op basis van de checklijst (kolom "versie 1"). Geef ook commentaar of tips (kolom "commentaar / tip"). Markeer bijzonder geslaagde elementen in het groen. Markeer eventuele fouten in de tekst van je partner.

C 2

C 2.1

Bekijk de feedback voor jouw dagboekaantekening:

- Wat zijn je sterke punten?
- Wat zijn je zwakke punten? Welke tips heb je gekregen? Welke ideeën heb je zelf om je dagboekaantekening te verbeteren? Als je zelf geen of nauwelijks ideeën hebt, vraag het dan aan je leraar / je lerares.

C 2.2

Herschrijf vervolgens je dagboekaantekening en vergelijk deze versie met de criteria van de checklijst (kolom "versie 2").

checklijst voor de dagboekaantekening

criterium	versie 1 ☺ ☹	commentaar / tip	versie 2 ☺ ☹
De schrijver geeft een korte situatieschets. (voorbeeld: "Ik voel me heel misselijk, omdat ik niet weet of ik Maartje mijn geheim mag vertellen ...")			
De schrijver maakt zijn gevoelens duidelijk / maakt gebruik van de adjectieven uit de lijst. (voorbeeld: "Maartje is mijn beste vriendin maar op dit moment voel ik me erg alleen.")			
De schrijver heeft een uitgebreide woordenschat.			
De schrijver formuleert grammaticaal correct.			
De schrijver stopt midden in een zin. (voorbeeld: "Ik weet niet of ik ...")			
De schrijver stelt vragen die wanhoop uitdrukken. (voorbeeld: "Moet ik dat echt doen? Zou ik dat beter niet kunnen doen?")			
De schrijver neemt een beslissing. (voorbeeld: "Ik moet Maartje mijn geheim vertellen." of "Ik moet Maartje een ander geheim vertellen, maar niet het eigenlijke geheim.")			

C Op naar de top! uitdagende opdracht

Aan het begin van de lessenreeks toen je het boek / de film nog niet kende, heb je naar een filmposter gekeken.
Bekijk nu de verschillende boekenkaften van de roman. Past de illustratie bij de inhoud van het boek? Waarom wel / waarom niet? Schrijf jouw gedachtes op.

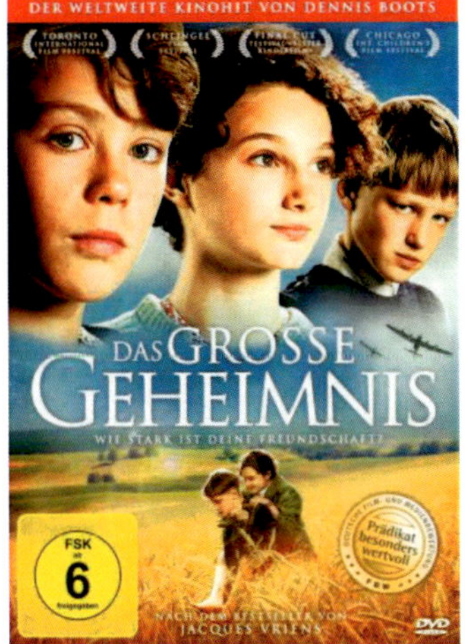

bron: Koch Media

bron: Film Oorlogsgeheimen

bron: Unieboek | Het Spectrum bv en Jacques Vriens

____

____

____

____

____

____

____

Presenteer jouw ideeën aan de hele klas.

Lernaufgabe 4.5

Nederland en zijn buren: een leesverslag maken (B1)

Umgang mit Texten:
ein Gedicht verstehen und deuten; Einsatz von Arbeitstechniken und Methoden, um Aussage und Wirkung zu erkunden

Schreiben:
einen strukturierten Gebrauchstext (*leesverslag*) verfassen; in zusammenhängender Form wichtige Sachverhalte aus dem Ausgangstext wiedergeben; eigene Meinung knapp erläutern

Lesen:
zentrale Aussagen eines Gedichts erfassen und dabei auch textexternes Wissen heranziehen

Wortschatz:
deutsch-niederländisches Verhältnis, Textbesprechungsvokabular: Gedichte

Thematische Anbindung:
deutsch-niederländische Beziehungen

(Handlungs-) Produkt der Zielaufgabe:
leesverslag

Differenzierungen, z.B.:
Aufgabenstellung (A1.1, A3.1, A3.3); Scaffolding (A7); niveaudifferenter Zielauftrag

Bearbeitungszeit:
ca. 225 Minuten

Zielgruppe, z.B.:
Sek. I: Jgst. 10 (N8), Jgst. 9 (N8), Sek. II: Jgst. Q1/2

Hilfsmittel bzw. Lernmaterial:
zweisprachige Wörterbücher; Linthout, Dik (2007): Onbekende buren - Duitsland voor Nederlanders - Nederland voor Duitsers, uitgeverij Atlas Amsterdam, S. 81.

Empfehlungen: Einsatz von zielsprachigen Praxishilfen, z. B.:
- *Diagnosticeren: B1*
- *Een gedicht analyseren*
- *Checklijsten*

aus: Hobbelink, Digna & Nicole Lücke (2018)

Tipp: Ergänzung um Sprachmittlungsaufgaben

◎ Doelopdracht van deze lessenreeks

De relatie tussen Duitsers en Nederlanders was vroeger niet altijd even makkelijk. Om te laten zien hoe de jeugd van tegenwoordig over elkaar denkt, neemt jouw klas Nederlands deel aan een wedstrijd van het *Duitsland Instituut Nijmegen* (DIN) waarbij het over de relatie tussen Duitsland en Nederland gaat. Het is de bedoeling dat jullie elk een leesverslag over een tekstje schrijven en daarin jullie mening over het tekstje uiten.

M 1: aankondiging: wedstrijd van het DIN

Het beste leesverslag

We willen weten hoe Duitse jongeren over het buurland Nederland denken.

Doe mee met je school of klas aan de schrijfwedstrijd over de relatie tussen Duitsland en Nederland.

Wat moet je doen?

Schrijf een leesverslag over een Nederlandse tekst rond het thema "De Duits-Nederlandse relatie vroeger en nu".

'Een goede buur is beter dan een verre vriend.'

—

Wat weet jij over je buurland?

—

De samenwerking tussen Duitsland en Nederland is erg belangrijk.

—

Vooral de culturele banden tussen Duitsland en Nederland zijn erg hecht.

Contact:
Lever je resultaten bij jouw leraar / lerares in!

Fase A – oriënteren en voorbereiden

De volgende opdrachten (= A) activeren je voorkennis en helpen je de doelopdracht te kunnen uitvoeren. Centrale vragen in deze fase zijn: waar gaat de lessenreeks over? Wat weet je al over dit thema? Hoe kan ik de doelopdracht zelfstandig aanpakken?

A 1 een leesverslag

Je doelopdracht is om een leesverslag voor de wedstrijd te schrijven. Maar wat is eigenlijk een leesverslag en wat voor onderdelen staan er in een leesverslag?

In het Engels noemen we dat een *review*. Heb je al eens een *review* gelezen of heb je er zelfs al een geschreven? Dan weet je zeker wat er in een leesverslag moet staan.

A.1.1

Schrijf op wat er allemaal in een leesverslag moet staan.

A 1.2

Vergelijk je antwoord met dat van een partner. Later bespreken we de resultaten met de hele klas.

A 1.3

Vergelijk jullie resultaten nu met de criteria van het DIN voor de wedstrijd over het schrijven van een leesverlag (M 2).
Zet bij A 1.1 een vinkje achter elk aspect dat je bij de DIN-criteria terugvindt en vul in jouw lijstje aan wat je nog niet had opgeschreven.

A 1.1

Schrijf op wat er allemaal in een leesverslag moet staan.

Wat is een leesverlag?   **Wat hoort er bij een leesverslag?** **opbouw:**   **zakelijke gegevens:**   **inhoud:**   **interpretatie:**   **beoordeling:**

A 1.2

Vergelijk je antwoord met dat van een partner. Later bespreken we de resultaten met de hele klas.

A 1.3

Vergelijk jullie resultaten nu met de criteria van het DIN voor de wedstrijd over het schrijven van een leesverlag (M 2).
Zet bij A 1.1 een vinkje achter elk aspect dat je bij de DIN-criteria terugvindt en vul in jouw lijstje aan wat je nog niet had opgeschreven.

A 1.1

Schrijf op wat er allemaal in een leesverslag moet staan.

Wat is een leesverlag?

Wat hoort er bij een leesverslag?

opbouw:

- inleiding

zakelijke gegevens:

- naam van de auteur

inhoud:

interpretatie:

- figuren
- stijl

beoordeling:

- eigen mening

A 1.2

Vergelijk je antwoord met dat van een partner. Later bespreken we de resultaten met de hele klas.

A 1.3

Vergelijk jullie resultaten nu met de criteria van het DIN voor de wedstrijd over het schrijven van een leesverlag (M 2).
Zet bij A 1.1 een vinkje achter elk aspect dat je bij de DIN-criteria terugvindt en vul in jouw lijstje aan wat je nog niet had opgeschreven.

M 2: informatie van het DIN

Wat er in een goed leesverslag moet:

- het noemen van titel, auteur, jaar van ontstaan / verschijnen, tekstsoort, thematiek
- een korte inhoudsopgave
- een analyse van de personages
- eigen formuleringen
- niet te lange zinnen
- een correcte spelling
- opbouw van de tekst
- bijzonderheden en functie van de tekst

A 2 de Duits-Nederlandse relatie

A 2.1

Wat weet je zelf over de Duits-Nederlandse relatie?
Noem drie tot vijf aspecten of gebeurtenissen die de relatie tussen Duitsland en Nederland positief of negatief kunnen hebben beïnvloed.

A 2.2

Vergelijk je antwoorden met die van een partner.

A 2.3

We bespreken jullie antwoorden in de klas.
Schrijf op welke vijf aspecten of gebeurtenissen er in de klas het vaakst zijn genoemd.

1.
2.
3.
4.
5.

A 3 voorbereiding woordenschat

A 3.1

Wat betekenen de volgende woorden (kolom 1)?

Ken je een woord in een andere taal dat vermoedelijk dezelfde betekenis heeft als het Nederlandse woord? Schrijf dat woord op (kolom 2).

Maak opdracht en schrijf een Nederlandse voorbeeldzin naast de woorden (kolom 3).

Maak opdracht en en omschrijf de betekenis van de woorden in het Nederlands (kolom 4).

woorden	in een andere taal	voorbeeldzin	betekenis in het NL
triomferen			
marcheren			
(het) verdriet			
huilend			
van Basten	/		
dansen			
oranje			
(het) stadion			
haten			

A 3.2

Vorm verschillende woordgroepjes (clusters) uit de bij A 3.1 genoemde woorden.
Ken je nog andere woorden die bij je woordgroepjes passen? Vul je cluster aan.

A 3.3

De woorden uit A 3.1 maken deel uit van een tekst.
Wat is volgens jou het thema van de tekst?

____

____

____

A 3.3 Op naar de top! uitdagende opdracht

Bedenk een mogelijke titel of mogelijke titels voor deze tekst en schrijf die titel(s) op.

____

____

____

A 3.4

De titel van de tekst uit het jaar 1988 is *'Een bal is kogelrond'.*
Past de titel bij jouw ideeën over het thema van de tekst?

Ja, de titel past bij mijn ideeën, omdat...	Nee, de titel past niet bij mijn ideeën, omdat...

A 3.5

We bespreken de resultaten van A 3 met de hele klas. Vul je aantekeningen aan.

A 4 fragmenten uit de tekst

A 4.1

Hieronder staan vijf fragmenten uit de tekst, maar de woorden uit opdracht A 3.1 ontbreken. Zet de woorden op de juiste plek.

verdriet – oranje – huilend – haten – van Basten – marcheren - wapens – dansen – stadion – triomferen

☐ Ik zag ze über alles met marsmuziek ________________ om voor ons volk en vaderland luidkeels te ________________.

☐ Ik zag ze zonder ________________ het ________________ verlaten mijn hart was vol van vrede en wilde niet meer ________________.

☐ Ik zag ze oogtranend in München van ons winnen en mijn ________________ verborgen in welgekozen zinnen.

☐ Ik zag de Maasstad ________________ toen na zes kwartier geweld door kogels van ________________ unsere Mannschaft was geveld.

☐ Ik zag in Hamburg ________________ heel Holland op de banken om met gekwelde kelen ________________ te bedanken.

A 4.2

Lees nu nog een keer de vijf fragmenten. Zijn er verrassende momenten bij het lezen van de fragmenten?

____

____

____

____

____

____

____

A 4.3

De vijf fragmenten staan niet in de goede volgorde. Zet deze fragmenten in de juiste volgorde. Maak gebruik van de cijfers 1 tot en met 5 en schrijf het cijfer in het hokje □.

A 4.4

Vergelijk dan je resultaten met die van je partner.

A 4.5

We gaan nu de resultaten in de klas bespreken. Wat denken jullie? Wat voor een soort tekst kan er uit de fragmenten ontstaan en waarom? Noteer het resultaat.

____

____

____

____

____

____

____

A 5 combineren

A 5.1

Waarover gaat het in ieder fragment (kolom 2)? Misschien kunnen deze vijf feiten (kolom 1) helpen. Wat hoort er bij elkaar? Trek een lijn!

Vele Nederlanders noemen het jaar 1988 het einde van het nationale trauma.

Door een doelpunt van Marco van Basten won Nederland van Duitsland bij het EK van 1988 in Hamburg in de halve finale.

Duitsland won van Nederland in de finale van het WK 1974 in München en werd wereldkampioen.

Mei 1940. Rond 750.000 Duitse soldaten vallen Nederland aan. Tijdens de Tweede Wereldoorlog sterven 198.800 Nederlanders.

In een grote uitbarsting van vreugde gingen miljoenen Nederlanders de straat op alsof Nederland zojuist voor de tweede keer bevrijd was.

A 5.2

Aan de hand van welke woorden wordt er in de fragmenten een bepaalde stemming gecreëerd? Onderstreep de betreffende woorden.

Ik zag ze über alles met marsmuziek marcheren om voor ons volk en vaderland luidkeels te triomferen.

Ik zag ze oogtranend in München van ons winnen en mijn verdriet verborgen in welgekozen zinnen.

Ik zag in Hamburg huilend heel Holland op de banken om met gekwelde kelen van Basten te bedanken.

Ik zag de Maasstad dansen toen na zes kwartier geweld door kogels van oranje unsere Mannschaft was geveld.

Ik zag ze zonder wapens het stadion verlaten mijn hart was vol van vrede en wilde niet meer haten.

A 5.3

Teken bij elk fragment een gezicht dat bij de stemming past.

A 5.4

Bedenk voor elk fragment adjectieven die de stemming ervan uitdrukken.

A 5.5

Bespreek je resultaten met die van een partner.

A 5.6

Lees de gehele tekst in de juiste volgorde nog een keer voor (met behulp van de verschillende stemmingen) om een gevoel voor de tekst te krijgen. Wat denk je nu? Wat voor soort tekst heb je net gelezen?

A 6 de communicatieve situatie

Net als bij verhalende teksten moet er ook bij gedichten goed naar de communicatieve situatie worden gekeken.

A 6.1

Wie is de 'ik' in het gedicht en wie worden er met 'ze' bedoeld? Schrijf drie voorbeelden uit de tekst in de tabel.

	voorbeeld	strofe, regel
'ik'		
'ze'		

A 6.2

Kijk naar je voorbeelden die je in A 6.1 hebt opgeschreven en schrijf op wie volgens jou de 'ik' en wie 'ze' kunnen zijn.

'ik'	
'ze'	

A 7 kenmerken van een gedicht

Voor de wedstrijd schrijven jullie nu een leesverslag van een gedicht – maar wat zijn kenmerken van een gedicht? Niet alleen de inhoud is belangrijk voor een gedicht, maar ook de manier waarop het gedicht is geschreven. Vul dit cluster aan met de specifieke woordenschat die je uit je les Nederlands kent. Als je de betreffende woorden en uitdrukkingen bijvoorbeeld uit de les Duits of uit je vreemdetalenles kent, mag je die natuurlijk ook opschrijven.

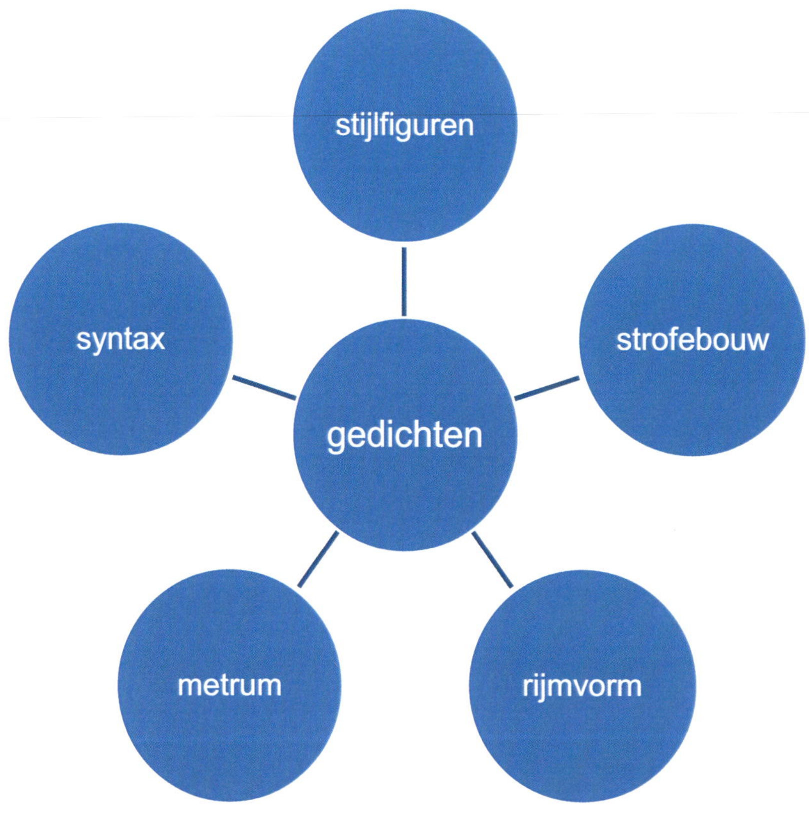

 W	Probeer deze woorden op de goede plaats in je cluster te schrijven. het paarrijm - de anafoor - het omarmende rijm - de epifoor - het parallellisme - de herhaling - de antithesis - het gekruiste rijm - de jambe - de trochee - de metafoor - de personificatie - ...

Fase B – zelfstandig werken en uitvoeren

Ga nu aan de slag met de doelopdracht. Probeer zoveel mogelijk zelfstandig te werken. Je krijgt natuurlijk individuele aandacht van je leraar of lerares Nederlands – maar probeer eerst zelf oplossingen te bedenken voor eventuele moeilijkheden die je tegenkomt.

  **Doelopdracht : een leesverslag schrijven**

Nu kun je een goed **leesverslag** voor de wedstrijd schrijven. Let daarbij op de volgende checklijst (M 3). Hier kun je nog eens zien wat er allemaal in een leesverslag van een gedicht moet staan. Je vindt er ook voorbeelden voor hoe je iets kunt formuleren. Bovendien is er plaats om je eigen formuleringen op te schrijven.

Schrijf je tekst met behulp van deze lijst.
Let op de criteria van het DIN (M 2) voor het schrijven van een leesverslag.
Structureer je tekst (inleiding – kernstuk – slot).

Fase B – zelfstandig werken en uitvoeren

Ga nu aan de slag met de doelopdracht. Probeer zoveel mogelijk zelfstandig te werken. Je krijgt natuurlijk individuele aandacht van je leraar of lerares Nederlands – maar probeer eerst zelf oplossingen te bedenken voor eventuele moeilijkheden die je tegenkomt.

◎ Gedifferentieerde doelopdracht

Doelopdracht:

Jij bent van plan om in het kader van de wedstrijd van het *Duitsland Instituut Nijmegen* (DIN) een tekst uit te beelden.

Je kunt de tekst in zijn geheel illustreren, bijvoorbeeld door middel van een *tableau vivant,* of per tekstgedeelte voor een illustratie kiezen, bijvoorbeeld foto's, eigen tekeningen, ...

Als je wilt, kun je je resultaat aan de hele klas presenteren.

Tableau vivant:

Doel van een tableau vivant (= levend schilderij) is het om een passage of de strekking van een tekst samen met andere leerlingen zo expressief mogelijk uit te beelden.
Voor het opstellen van een tableau vivant moeten de rollen worden verdeeld: wie is de bouwmeester, wie zijn de modellen?
De bouwmeester geeft aanwijzingen wat betreft de situering, onderlinge afstand, lichaamshouding, gebaren, mimiek. Als de bouwmeester klaar is, geeft hij het bevel "stilstaan!" of "freeze!" en de modellen mogen ongeveer één minuut niet bewegen.
Het tableau vivant zelf of de uitbeelding van de situatie op basis van een foto (of foto's) wordt in de klas besproken.

Fase C – terugkijken en beoordelen

In deze fase staat het beoordelen en het waarderen van het resultaat centraal. Verder ga je in deze fase reflecteren op het verloop van je leerproces. De volgende opdrachten doelen op het beantwoorden van de vragen: hoe schat ik mijn werkresultaat in? Hoe heb ik gewerkt? Wat zijn mijn sterke punten? Wat zijn mijn zwakke punten? Hoe kan ik het de volgende keer beter doen?

C 1 

feedback op je eigen leesverslag en dat van een partner

Lees je eigen leesverslag grondig door en verbeter het met behulp van de checklijst (M 3).
Wissel dan je leesverslag met dat van een partner. Geef vervolgens feedback op het leesverslag van je partner.
Op basis van de tweede check verbeter je je eigen tekst voor de laatste keer, voordat je de tekst voorstelt en inlevert.

Veel succes!

M 3: checklijst voor het schrijven van een leesverslag		
Zakelijke gegevens, bijvoorbeeld:	1e check (jezelf) **commentaar**	2e check (partner) **commentaar**
Noem auteur en titel van de tekst en het jaar van verschijning. (vgl. A 1.1) *Voorbeelden:* Het gedicht ... van … is uit het jaar … . / … is een gedicht van … uit het jaar …		
Eigen formuleringen / notities:		
Inhoud, bijvoorbeeld:		
Geef in korte zinnen de inhoud van iedere strofe weer. (vgl. A 5.1) *Voorbeelden*: In de eerste / tweede / derde / … strofe gaat het over … / In de eerste / tweede / derde / … strofe beschrijft / ziet / … de ik		
Leg uit waarover het in het gedicht gaat! *Voorbeeld*: In het gedicht gaat het dus over … .		
Eigen formuleringen / notities:		
Versleer, bijvoorbeeld:		
Schrijf op hoeveel strofes het gedicht heeft en uit hoeveel verzen iedere strofe bestaat. (vgl. A 5.1) *Voorbeeld*: Het gedicht bestaat uit … strofes met … verzen.		
Schrijf op wat het effect van het gedicht is en ga daarbij bijvoorbeeld in op de volgende aspecten: de rijmvorm, het metrum, de stijlfiguren.		

Voorbeelden: De rijmvorm van het gedicht is overal / zonder uitzondering omarmend rijm / … Het ritme is een jambe / trochee / … ./ Het ritme is heel regelmatig … . / Het ritme wordt in vers (...) doorbroken … . In strofe … vers … zijn parallellismen / metaforen te herkennen, waardoor … .		
Eigen formuleringen / notities:		
Interpretatie, bijvoorbeeld:		
Schrijf op welke woorden een bijzondere rol spelen in het gedicht. Leg uit! (A 3.1, 3.2, 3.3) *Voorbeelden*: In het gedicht staat vaak het woord … hieraan kun je herkennen dat ... . / Aan de hand van het woord … kun je herkennen dat … .		
Schrijf op of er een ontwikkeling van de 'ik' te zien is. Let op de emoties van de 'ik'. (vgl. A 5.2) *Voorbeelden*: In strofe een spreekt een 'ik' over … dat kun je zien aan … . / Maar in strofe twee is er eerder sprake van … . Aan de hand van de woorden … wordt dat zichtbaar / duidelijk.		
Schrijf op in hoeverre metrum, rijmvorm en stijlfiguren het thema van het gedicht bepalen. (vgl. A 7) *Voorbeelden*: Het metrum / de rijmvorm zijn heel / helemaal niet regelmatig; dat loopt (niet) parallel met de emoties van de 'ik' / de inhoud van het gedicht, want … .		
Eigen formuleringen / notities:		

Beoordeling, bijvoorbeeld:		
Noem nog eens kort de bedoeling van de tekst. Wat wil de auteur met dit gedicht uitdrukken? *Voorbeelden*: Ik denk dat de auteur met het gedicht wil laten zien dat … .		
Schrijf jouw oordeel over het gedicht! Vind je het goed of niet zo goed en waarom? Vind je dat de titel goed bij het gedicht past?		
Hoe actueel is het gedicht volgens jou? (A 2) ...		
Wat hebben de Tweede Wereldoorlog en de voetbalwedstrijden bij EK's en WK's met elkaar te maken? ...		
Hoe ervaar jij nu na het lezen van het gedicht de Duits-Nederlandse relatie? ...		
Wat denk jij zelf over onze buren? Heb je eigen ervaringen opgedaan? ...		
Denk je dat een gedicht een goede keuze is om het thema van de Duits-Nederlandse relatie te benaderen of zou je een ander soort tekst prefereren? Vergelijk het met een film, boek of lied dat je over dit thema kent. *Voorbeelden*: In vergelijking met … denk ik dat een gedicht een goede / slechte mogelijkheid is om het thema vorm te geven, omdat … ./ Ik vind het goed een gedicht te kiezen als mogelijke vorm voor de weergave van dit thema, want ...		
Hoe interessant vind je het gedicht? *Voorbeelden*: Na het lezen vind ik dat het gedicht heel / helemaal niet interessant is, omdat … .		
Eigen formuleringen / notities:		

Anlage

Jacques Hogewoning

Een bal is kogelrond (1988)

Ik zag ze über alles
met marsmuziek marcheren
om voor ons volk en vaderland
luidkeels te triomferen

Ik zag ze oogtranend
in München van ons winnen
en mijn verdriet verborgen
in welgekozen zinnen

Ik zag in Hamburg huilend
heel Holland op de banken
om met gekwelde kelen
van Basten te bedanken

Ik zag de Maasstad dansen
toen na zes kwartier geweld
door kogels van oranje
unsere Mannschaft was geveld

Ik zag ze zonder wapens
het stadion verlaten
mijn hart was vol van vrede
en wilde niet meer haten

bron: Linthout, Dik (2007): Onbekende buren - Duitsland voor Nederlanders - Nederland voor Duitsers, uitgeverij Atlas Amsterdam, p. 81.

Lernaufgabe 4.6

Attent op gender: een presentatie houden (B1)

Sprechen:
in einer Präsentation genderstereotype Darstellungen beschreiben; genderstereotype Darstellungen in Frage stellen und ggf. (Handlungs-) Alternativen reflektieren

Methodische Kompetenz:
mit verschiedenen Hilfen Ergebnisse eines grenzüberschreitenden Projekts vorstellen

Interkulturelle Kompetenz:
Stereotypen aufspüren; kritisch Meinungen, Sichtweisen und Einstellungen hinterfragen

Wortschatz:
Gender, Stereotypen, Geschlechterdiversität, Meinungsäußerung

Thematische Anbindung:
Einblicke in die Lebenswirklichkeit von Jugendlichen

(Handlungs-) Produkt der Zielaufgabe:
Präsentation

Differenzierungen, z.B.:
Aufgabenstellung (A6, B, C), Scaffolding (A4.1, A9.1, B), niveaudifferenter Zielauftrag

Bearbeitungszeit:
ca. 270 Minuten

Zielgruppe, z.B.:
Sek. II: Jgst. Q1/2, ggf. Sek. I: Jgst. 10 (N6)

Hilfsmittel bzw. Lernmaterial:
zweisprachige Wörterbücher; www.art1.nl; www.onderwijsraad.nl; www.loesje.nl;

Empfehlungen: Einsatz von
- digitalen Medien (z. B. *Explain Everything*, *Bitsboard*),
- zielsprachigen Praxishilfen (z. B. *Diagnosticeren: B1* und / oder *Diagnosticeren: spreken*, *Taalhulp discussie*, *Evaluatie: groepswerk*, *Leerdagboek* aus: Hobbelink, Digna und Nicole Lücke 2018)

Tipp: Ergänzung um Sprachmittlungsaufgaben

◎ Doelopdracht van deze lessenreeks

> Het thema van het uitwisselingsproject met jullie Nederlandse partnerschool is "genderstereotypen opsporen en doorbreken". De bedoeling is dat jullie in kleine groepen een **presentatie** voorbereiden waarin jullie genderstereotypen in het dagelijks leven opsporen en voorstellen doen op welke manier deze genderstereotypen kunnen worden doorbroken.

Fase A - oriënteren en voorbereiden

De volgende opdrachten (= A) activeren je voorkennis en helpen je de doelopdracht te kunnen uitvoeren. Centrale vragen in deze fase zijn: waar gaat de lessenreeks over? Wat weet je al over dit thema? Hoe kan ik de doelopdracht zelfstandig aanpakken?

A 1 het fundament: artikel 1 van de Nederlandse grondwet

A 1.1

Lees het artikel 1 uit de Nederlandse grondwet.

> § Art. 1
> Allen die zich in Nederland bevinden, worden in gelijke gevallen gelijk behandeld. Discriminatie wegens godsdienst, levensovertuiging, politieke gezindheid, ras, geslacht of op welke grond dan ook, is niet toegestaan.
>
> www.art1.nl

A 1.2

Vul de tabel als volgt in.
links: Vul de genoemde discrimineringscategorieën uit de grondwet in.
rechts: Geef voor deze categorieën voorbeelden uit het alledaagse leven.

Categorie	**Voorbeeld(en)**
...	...

A 1.3

Vergelijk je resultaten met die van je buurvrouw of buurman.

A 2 associaties gender

A 2.1

In de klas hangen vier posters.

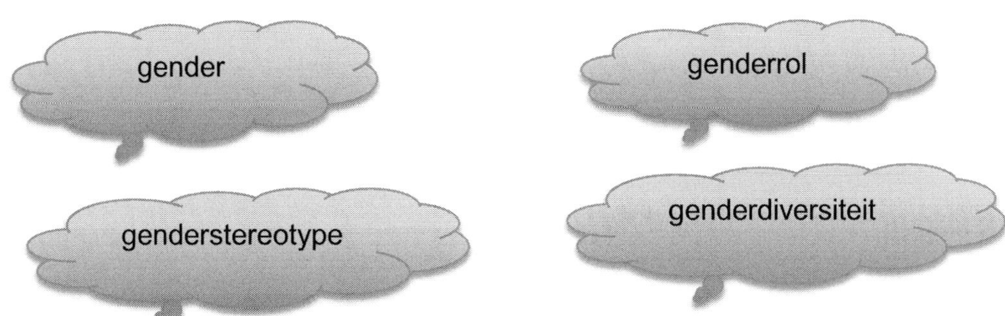

Je hebt vier post-its ter beschikking. Noteer wat je bij elk van de vier posters te binnen schiet (een opmerking / woord). Plak de post-its op de betreffende poster.

A 2.2

Jullie vormen in totaal vier groepen. Iedere groep krijgt één poster. Samen proberen jullie de post-its in categorieën te verdelen (= clusteren).

A 2.3

Jullie stellen het resultaat samen mondeling aan de klas voor.

A 3 aandachtspunten bij lessen seksuele diversiteit

A 3.1

Werk samen met een partner en schrijf op welke gedragsregels bij lessen over seksuele diversiteit belangrijk zijn en waarom.
Bijvoorbeeld: kwetsende meningen en oordelen worden niet getolereerd. In de klas kunnen jongens of meisjes zitten die bijvoorbeeld homo- of biseksuele gevoelens hebben.

A 3.2

Jullie bespreken de resultaten klassikaal en maken er een overzicht of een poster voor in de klas van.

Overzicht: *aandachtspunten bij lessen over seksuele diversiteit*

A 4a reflecteren op genderrollen

De klas wordt verdeeld in groep a en groep b.

Groep a

A 4.1

Lees de dialoog met je buurman of buurvrouw en speel daarna elk één van de rollen.

Coach: Goedemorgen.

Tiener: Goedemorgen.

Coach: Wat kan ik voor je doen, meisje? Ben je hier om je vriend tijdens het trainen aan te moedigen?

Tiener: Nee, meneer. Ik wilde graag ook beginnen met voetballen.

Coach: Heb je al gevoetbald? Je moet weten dat het heel vermoeiend is en je moet snel kunnen rennen.

Tiener: Ik heb wel eens gevoetbald, maar nog nooit in een club.

Coach: Je zal niks cadeau krijgen van die jongens, als je begrijpt wat ik bedoel?

Tiener: Dat had ik ook niet verwacht. Bij het voetballen gaat het om de actieve medewerking in een team en de winst van de match. Wat zou ik dus ook voor een cadeautje moeten krijgen?

Coach: Nou. De training begint om 17:30 uur. Als je na het eerste half uur nog zin hebt, kunnen we verder kijken.

Tiener: Bedankt. Tot ziens!

Coach: Tot ziens!

W	aanmoedigen – anfeuern vermoeiend – anstrengend iets cadeau krijgen – etwas geschenkt bekommen verwachten – erwarten zin hebben – Lust haben

A 4b reflecteren op genderrollen

De klas wordt onderverdeeld in groep a en groep b.

Groep b

A 4.1

Lees de dialoog samen met je buurman of buurvrouw en speel daarna elk één van de rollen.

Coach: Dag. Ben je hier om je vriendin van de dansles af te halen?

Tiener: Goedendag, mevrouw. Nee, hoor. Ik zou graag willen meedoen.

Coach: Heb je geen voetbal of karateles waar je naartoe kunt gaan?

Tiener: Karate vind ik wel heel spannend. Je hebt er veel body tension voor nodig, net zoals bij het dansen.

Coach: Zouden je vrienden het niet jammer vinden als je geen tijd meer hebt om met hen te gaan voetballen?

Tiener: Volgens mij gaat het gewoon allebei!

Coach: Vandaag is er alleen maar ballet. Misschien kom je op woensdag nog een keer langs, dan vinden namelijk de breakdancecursussen plaats.

Tiener: Hm. Ik zal er nog eens over nadenken. Bedankt en tot ziens mevrouw!

Coach: Tot ziens!

	de body tension (engl.) – Körperspannung iets jammer vinden – etwas schade finden

A 4.2a & b

Maak aantekeningen bij de volgende vragen:

Hoe voelde ik me in mijn rol?

Wie had de grootste invloed op de andere persoon tijdens het gesprek?

Reflecteer of je zelf ook stereotiepe genderdenkbeelden hebt. Welke stereotiepe beelden zijn dat?

A 4.3

Bespreek je antwoorden met een klasgenoot of klasgenote. Wat zijn de overeenkomsten? Wat zijn de verschillen? In welk opzicht zijn jullie antwoorden anders?

A 5 factoren voor stereotypen

A 5.1

Hoe onze eigen stereotiepe beelden eruitzien, is afhankelijk van verschillende factoren.
Welke onderstaande factor heeft volgens jou de meeste invloed gehad op het ontstaan van jouw eigen stereotiepe beelden? Rangschik de onderstaande factoren. Gebruik de cijfers 1 tot en met 8. Geef de "1" aan de belangrijkste factor voor het ontstaan van stereotiepe mannen- en vrouwenbeelden en de "8" aan de onbelangrijkste factor. Als je vindt dat er een essentiële factor ontbreekt, dan mag je die natuurlijk aanvullen.

( ) leeftijd (generatie), b.v.: ______________________

( ) religie, b.v.: ______________________

( ) opleiding en / of opvoeding, b.v.: ______________________

( ) sociaal milieu, b.v.: ______________________

( ) gezin, b.v.: ______________________

( ) reclame, b.v.: ______________________

( ) geslacht, b.v.: ______________________

( ) media, b.v.: ______________________

( ) ____________________, b.v.: ______________________

( ) ____________________, b.v.: ______________________

A 5.2

Vergelijk je rangschikking met die van je partner. Jullie bedenken samen voorbeelden bij de genoemde factoren voor het ontstaan van stereotypen.

A 5.3

Presenteer je resultaten aan de klas.

A 6 begrippen seksuele diversiteit

Zoek, bijvoorbeeld op internet, naar centrale begrippen rond het thema gender en schrijf je eigen definities voor de begrippen op.
Vergelijk je resultaten met die van een medescholier of medescholiere.
Als er nog vragen zijn, dan bespreken we die daarna met de hele klas.

A 6 begrippen seksuele diversiteit

Probeer volgende begrippen te definiëren respectievelijk uit te leggen.
Vergelijk je resultaten met die van een medescholier of medescholiere.
Als er nog vragen zijn, dan bespreken we die daarna met de hele klas.

begrippen	**definitie / uitleg**
1. biologisch of genetisch geslacht	
2. gender	
3. homoseksualiteit	
4. genderdiversiteit	
5. transgender	
6. intersekse	
7. genderstereotype	
8. discriminatie	
9. genderrol	
10. lhbti	

A 6 begrippen seksuele diversiteit

Welk woord hoort bij welke beschijving / definitie? Trek een lijn!
Vergelijk je resultaten met die van een medescholier of medescholiere.
Als er nog vragen zijn, dan bespreken we die daarna met de hele klas.

1. biologisch of genetisch geslacht	a) Het maken van onderscheid of de praktijk iemand anders te behandelen dan de anderen of iemand aan de kaak te stellen op basis van de manier waarop hij / zij eruitziet of hij / zij zich gedraagt of waar hij / zij vandaan komt.
2. gender	b) Een lichaam vertoont zowel mannelijke als vrouwelijke kenmerken.
3. homoseksualiteit	c) Iemand die zich niet thuis voelt bij de sekse waarmee hij / zij is geboren. Iemand die als meisje is geboren, voelt zich van binnen een jongen of andersom of hij / zij voelt zich meer tussen jongen en meisje staan.
4. genderdiversiteit	d) Wanneer rollen, gedragingen en opvattingen etc. in overeenstemming zijn met de 'typische' en klassieke man / vrouw rollen en verwachtingen.
5. transgender	e) De meest frequente indeling van personen op genetisch, genitaal en hormonaal niveau.
6. intersekse	f) Staat voor lesbisch, homo, bi, transgender, interseksueel.
7. genderstereotype	g) De term verwijst naar aandacht voor de verschillen en verscheidenheid binnen de aspecten van genderidentiteit, -rol en -expressie (en gaat dus breder dan het onderschied man / vrouw).
8. discrimminatie	h) De manifestatie van mannelijkheid of vrouwelijkheid in gedrag. Of gedrag (en dus genderrol) als mannelijk of vrouwelijk wordt geïnterpreteerd, is sociaal-cultureel bepaald.
9. genderrol	i) Mannen of vrouwen die hun eigen sekse seksueel aantrekkelijk vinden.
10. lhbti	j) Het begrip wordt vooral gebruikt om te verwijzen naar culturele, sociale en psychologische invullingen van mannelijkheid en vrouwelijkheid (letterlijk: geslacht).

www.onderwijsraad.nl

A 7 de dialoog herschrijven

Werk samen met je partner van opdracht A 4. Jullie kijken nog eens naar dialoog a respectievelijk dialoog b.

Jullie bedenken samen een alternatieve, bewust niet stereotiepe reactie van de coach en jullie herschrijven vervolgens de dialoog.

Stel jullie dialoog aan de klas voor.

A 8 voorlichting op school?!

A 8.1

Lees de informatie:

Sinds 1 december 2012 zijn scholen in Nederland verplicht aandacht te besteden aan seksualiteit en seksuele diversiteit. Hiervoor is voor de onderbouw van het voortgezet onderwijs kerndoel 43 aangepast.

> Onderbouw Voortgezet Onderwijs kerndoel 43:
> 'De leerling leert over overeenkomsten, verschillen en veranderingen in cultuur en levensbeschouwing in Nederland, leert eigen en andermans leefwijze daarmee in verband te brengen, leert de betekenis voor de samenleving te zien van respect voor elkaars opvattingen en leefwijzen, en leert respectvol om te gaan met seksualiteit en diversiteit binnen de samenleving, waaronder seksuele diversiteit'.
>
> www.onderwijsraad.nl

A 8.2

Werk samen met een partner en geef schriftelijk antwoord op de volgende vraag: waarom moet er op school aandacht worden besteed aan diversiteit, waaronder seksuele diversiteit?

A 8.3

Ter voorbereiding op een korte presentatie over het thema "aandacht voor seksuele diversiteit op school" schrijven jullie de belangrijkste resultaten uit opdracht A 8.2 als trefwoorden op een kaartje.

A 8.4

Stel jullie resultaten - op basis van jullie kaartjes - mondeling aan de hele klas voor.

A 9 *Loesje* heeft een mening!

A 9.1

Lees de uitspraken van de verschillende *Loesjes* (M 1 a tot en met h).
Kies twee van deze uitspraken. Probeer die in je eigen woorden weer te geven en te becommentariëren. Indien nodig mag je gebruik maken van M 2.

> Informatie: Wie is *Loesje*?
> *Loesje* is de naam van een fictief meisje dat posters met kritische en / of humoristische teksten schrijft en in de openbare ruimte plakt. De teksten van *Loesje* worden gekenmerkt door een positieve en humanistische benadering.

Loesje ____ :

___

___

___

___

Loesje _____:

___

___

___

___

A 9.2

Werk samen met je buurman of buurvrouw en leg hem of haar uit wat de betekenis is van jouw *Loesjes*. Wat vind je zelf van de boodschap van deze *Loesjes*? Geef argumenten waarom je dat vindt. Wissel dan van rol.

M 1: *Loesjes*

a

OP WELKE REGEL
BEN JIJ
DE UITZONDERING

Loesje

b

ANGST IS
NIEUWSGIERIGHEID
DIE NOG
IN DE KAST ZIT

Loesje

c

PAS OP
VOOROORDELEN
KUNNEN
LEIDEN TOT
TELEURSTELLINGEN

Loesje

d

GEAARDHEID
IK BEN GOEDAARDIG

Loesje

e

TRANSGENDER
NIET OMDAT IK
ANDERS WIL ZIJN
MAAR OMDAT IK
MEZELF WIL ZIJN

Loesje

f

SUPERIORITEITS-
GEVOEL
IEDEREEN ALS
GELIJKWAARDIG
ZIEN

Loesje

g

NEDERLANDS ELFTAL
MANNEN
MOGEN
HUILEN
HOOR

Loesje

h

VROUWENDAG
OMDAT WE ANDERS
VERGETEN
WIE WE OOK ALWEER
ZIJN

de moeder
van
Loesje

www.loesje.nl

M 2

	Woorden *Loesjes*	**Mening**	**Opsomming van argumenten**	**Tegenstelling**
W	in de kast zitten – noch nicht zum Vorschein gekommen sein / sich noch nicht geoutet haben	Ik vind van wel / niet.	En ...	Maar ...
		Volgens mij ...	Ook ...	Enerzijds ...
	de teleurstelling – die Enttäuschung	Ik ben van mening dat ...	Bovendien ...	Anderzijds ...
		Naar mijn mening ...	Verder ...	Integendeel ...
	de geaardheid – jmds. Wesen / angeborene Orientierung	Naar haar / zijn oordeel ...	Ten eerste ...	In plaats van ...
		...	Ten tweede ...	In tegenstelling tot ...
	het superioriteitsgevoel – das Überlegenheitsgefühl		Ten slotte ...	Aan de ene kant ...
	gelijkwaardig – gleichwertig		...	Aan de andere kant ...
				...

Fase B – zelfstandig werken en uitvoeren

Doelopdracht: een presentatie houden

Ga nu aan de slag met de doelopdracht. Jullie proberen zoveel mogelijk zelfstandig te werken. Jullie krijgen natuurlijk individuele aandacht van jullie leraar of lerares Nederlands – maar jullie proberen eerst zelf oplossingen te bedenken voor eventuele moeilijkheden die jullie tegenkomen.

Situatie

Het thema van het uitwisselingsproject met jullie Nederlandse partnerschool is "genderstereotypen opsporen en doorbreken". De bedoeling is dat jullie ter voorbereiding op de uitwisseling in kleine groepen een **presentatie** maken waarin jullie genderstereotypen in het dagelijkse leven opsporen en jullie voorstellen doen op welke manier deze genderstereotypen kunnen worden doorbroken.

Opdracht

Vorm groepen van maximaal vier personen. Zoek foto´s (bijvoorbeeld in tijdschriften of schoolboeken), advertenties of videoclips die volgens jou / jullie stereotiepe genderbeelden laten zien. Jullie stellen het materiaal in het kort voor en jullie zeggen ...

a) wat er stereotiep is,
b) waarom dit genderstereotype problematisch is,
c) op welke manier dit genderstereotiepe beeld zou kunnen worden doorbroken.

Jullie mogen gebruikmaken van de woordenlijst (M 3) van de resultaten uit deze lessenreeks.

Presenteer ter voorbereiding op het uitwisselingsprogramma jullie resultaten aan de klas.

Tijdens de presentaties geeft er telkens een andere groep feedback op basis van de *feedbacklijst presentatie* (M 4).

B **Op naar de top!** uitdagende opdracht

Maak een nieuwe advertentie, foto of videoclip.

Gedifferentieerde doelopdracht:

Je bewerkt dezelfde doelopdracht maar je kunt opdracht c) weglaten.

M 3: W woordenlijst

aan de linkerkant / aan de rechterkant	auf der linken / rechten Seite
boven / beneden / in het midden	oben / unten / in der Mitte
op **de** foto / **de** poster	auf dem Foto / dem Plakat
in de advertentie / de videoclip	in der Werbung / dem Videoclip
de weergave / de manier van vormgeven	die Darstellung / Darstellungsweise
het stereotype / de stereotypen	das Stereotyp / das Klischee
stereotiep, stereotypisch	stereotyp, klischeehaft wiederkehrend
overdreven	übertrieben
seksistisch	sexistisch
agressief	aggressiv
dominant	dominant
lief	lieb / nett
zachtaardig	zart / sanft
mannelijk / vrouwelijk	männlich / weiblich
jongensachtig / meisjesachtig	jungenhaft / mädchenhaft
merkwaardig	merkwürdig / seltsam
moedig	mutig
prikkelbaar	reizbar
slim	klug
stoer doen	sich cool geben / den Starken spielen
sympathiek	sympathisch
temperamentvol	temperamentvoll
vreemd	seltsam
zelfbewust	selbstbewusst

Fase C – terugkijken en beoordelen

In deze fase staat het beoordelen en het waarderen van het resultaat centraal. Verder ga je in deze fase reflecteren op het verloop van je leerproces. De volgende opdrachten doelen op het beantwoorden van de vragen: hoe schat ik mijn werkresultaat in? Hoe heb ik gewerkt? Wat zijn mijn sterke punten? Wat zijn mijn zwakke punten? Hoe kan ik het de volgende keer beter doen?

C1 feedback (M 4)

Feedbacklijst presentatie		
Criteria	✓	**Opmerkingen / verbetertips**
Inhoud		
Het materiaal wordt in het kort voorgesteld.		
Er wordt duidelijk gemaakt waarom de genderstereotiepe vormgeving / weergave problematisch is.		
Er worden voorbeelden genoemd op welke manier de genderstereotiepe vormgeving / weergave zou kunnen worden doorbroken.		
Taalgebruik		
Er wordt gebruik gemaakt van de thematische woordenschat.		
Er wordt duidelijk gesproken.		
De zinnen zijn meestal grammaticaal correct.		
Wat ging er goed tijdens de presentatie?		**Wat ging er minder goed?**

C 2

Lees de feedback die jullie elkaar in de *feedbacklijst presentatie* hebben gegeven. Bespreek met je groep wat jullie aan de presentatie voor het uitwisselingsprogramma nog kunnen verbeteren.

C 3 zelfevaluatie

Lees de checklijst en zet een ✓ als de formulering op jou van toepassing is.

Zelfevaluatie	✓	Wat betekent dit voor mij?
thematische kennis		
- Ik ken de belangrijkste begrippen rond het thema *gender*. - Het proces en het ontstaan van stereotypen is mij bekend. - Ik kan voorstellen doen om stereotiepe opvattingen te doorbreken. - …		
spreken		**Wat ik nog kan verbeteren:**
- Ik kan meningen en argumenten van anderen begrijpen en erop reageren. - Ik kan mijn gedachten gestructureerd weergeven en samenvatten. - Ik kan over mijn wensen, belevenissen en ervaringen spreken. - Ik kan mijn mening en houding over de onderwerpen van de lessenreeks formuleren. - Ik kan advertenties, foto´s of videoclips mondeling presenteren. - Ik kan presentaties van anderen becommentariëren / beoordelen. - …		

C Op naar de top! uitdagende keuzeopdrachten /

Keuzeopdrachten:

Kan een homoseksuele jongen of een lesbisch meisje in de klas of op school zonder problemen voor zijn / haar seksuele geaardheid uitkomen (als hij / zij dat zou willen)? Waarom wel / niet?

Wat kun je / kunnen jullie doen als er iemand gepest wordt vanwege zijn / haar seksuele geaardheid?

Welke acties kun je / kunnen jullie ondernemen bij respectloze opmerkingen tegen lhbti-jongeren en discriminatie (op grond van seksuele oriëntatie)?

Verzamel feiten en cijfers rond dit thema en presenteer je resultaten aan de hele klas.

Bijvoorbeeld: hoeveel jongeren zijn homo- of biseksueel (in Nederland en / of Duitsland? Hoeveel mensen zijn er met transseksuele gevoelens (in Nederland en / of Duitsland)? ...

De redactie van jullie schoolkrant vraagt jou om een bijdrage te schrijven over het thema seksuele vorming op Nederlandse scholen. Schrijf op basis van deze lessenreeks een informatief artikel voor jullie schoolkrant *Denkpause*.

Hoe reageren ouders als ze horen dat hun zoon of dochter homo of lesbisch is?

Verzamel websites met betrouwbare informatie voor jongeren over seksuele diversiteit.

Als je wilt, presenteer jouw ideeën aan de hele klas.

Literaturverzeichnis Praxisteil – eine Auswahl

BLUME, Michael-Otto (2008): Préparer – rédiger – corriger. Zum Aufbau vom Schreibkompetenz. In: Der Fremdsprachliche Unterricht Französisch, 42, S. 2-7.

BÖRNER, Otfried, LOHMANN, Christa (Hrsg.) (2015): Heterogenität und Inklusion. Lernaufgaben im Englischunterricht. Braunschweig: Diesterweg.

BRÖCHER, Stephanie, BYVANK, Daniela (2014): Feedback Stars for Presentations. Feedbackkriterien gemeinsam entwickeln. In: Der fremdsprachliche Unterricht Englisch, 130, S. 12-17.

DE WITH, Tessa, VISSER, Maartje, PUPER, Hans (2013): Woordenschatonderwijs, meer dan woorden leren. Amersfoort: CPS onderwijsontwikkeling en advies.

DOFF, Sabine (2016): Heterogenität im Fremdsprachenunterricht. Impulse – Rahmenbedingungen – Kernfragen – Perspektiven. Tübingen: Narr Studienbücher.

FRENKING, Dorothee, WENZEL, Veronika (2014): Hörverstehen und Hörsehverstehen. In: Wenzel, Veronika (Hrsg.): Fachdidaktik Niederländisch. Berlin, Lit.-Verlag, S. 87-99.

GRIESER-KINDEL, Christin, HENSELER, Roswitha, MÖLLER, Stefan (2009): MethodGuide – Methoden für einen kooperativen und individualisierenden Englischunterricht in den Klassen 5-12. Braunschweig/Paderborn/Darmstadt: Bildungshaus Schulbuchverlage.

HENSELER, Roswitha, SCHÄFERS, Monika (2012): In the Suburbs, I learned to... Hörverstehen anhand eines Songs schulen. In: Englisch 5 bis 10, 17, S. 26-31.

HOBBELINK, Digna, LÜCKE, Nicole (2018): Diagnostizieren, fördern und evaluieren im kompetenzorientierten Niederländischunterricht – Hilfen für eine zielsprachige Unterrichtspraxis. Niederländischunterricht konkret – Band 2. Münster: agenda.

KIEWEG, Werner (2009a): Workshop writing. Eine Schreibwerkstatt für Schülerinnen und Schüler. In: Der fremdsprachliche Unterricht Englisch, 97, 37-45.

KIEWEG, Werner (2009b): Schreibprozesse gestalten, Schreibkompetenz entwickeln. In: Der fremdsprachliche Unterricht Englisch, 97, S. 2-8.

KÖNIG, Lotta, SURKAMP, Carola, DECKE-CORNILL, Helene (2015): Negotiating Gender. Aushandlungs- und Reflexionsprozesse über Geschlechtervorstellungen im Fremdsprachenunterricht anstoßen. In: Der fremdsprachliche Unterricht Englisch, 135, S. 2-9.

LEOPOLD, Eynar (2008): Vive la différence?! Mit Lernaufgaben interkulturelle Kompetenzen fördern. In: Der fremdsprachliche Unterricht Französisch, 96, S. 26-29.

LORENZ, Gudrun (2015): Work and words. Das Wortfeld "business" kennenlernen und diesen Wortschatz umwälzen. In: Englisch 5-10, 29, S. 24-29.

LÜCKE, Nicole (2014a): Denken – delen – uitwisselen. In: Wenzel, Veronika (Hrsg.): Fachdidaktik Niederländisch. Berlin: LIT Verlag, S. 364-365.

LÜCKE, Nicole (2014b): Lernaufgaben konzipieren. In: Wenzel, Veronika (Hrsg.): Fachdidaktik Niederländisch. Berlin: LIT Verlag, S. 227-237.

LÜCKE, Nicole (2014c): Tableau vivant. In: Wenzel, Veronika (Hrsg.): Fachdidaktik Niederländisch. Berlin: LIT Verlag, S. 394-395.

LÜCKE, Nicole u.M.v. WENZEL, Veronika (2014): Text- und Medienkompetenz. In: Wenzel, Veronika (Hrsg.): Fachdidaktik Niederländisch. Berlin: LIT Verlag, S. 159-203.

MEESTRINGA, Theun, RAVESLOOT, Clary (2013): Schrijven in de tweede fase. In: Levende Talen Magazine, 100, S. 6-10.

MINISTERIUM FÜR SCHULE UND WEITERBILDUNG DES LANDES NORDRHEIN-WESTFALEN (Hrsg.) (2009): Kernlehrplan für die Gesamtschule – Sekundarstufe I in Nordrhein-Westfalen: Niederländisch. Düsseldorf.

MINISTERIUM FÜR SCHULE UND WEITERBILDUNG DES LANDES NORDRHEIN-WESTFALEN (Hrsg.) (2009): Kernlehrplan für das Gymnasium – Sekundarstufe I in Nordrhein-Westfalen: Niederländisch. Düsseldorf.

MINISTERIUM FÜR SCHULE UND WEITERBILDUNG DES LANDES NORDRHEIN-WESTFALEN (Hrsg.) (2009): Kernlehrplan für die Realschule – Sekundarstufe I in Nordrhein-Westfalen: Niederländisch. Düsseldorf.

MÖLLER, Stefan (2015): What should be done? Handlungsoptionen in einer Dilemma-Situation abwägen, Der fremdsprachliche Unterricht, 137, S. 25-31.

NÜNNING, Ansgar, SURKAMP, Carola (2010): Englische Literatur unterrichten 1 – Grundlagen und Methoden, Seelze: Kalmayer-Klett.

REITSMA, Foekje (2016): Einführung in die Fachdidaktik Niederländisch. Münster: agenda.

SOA AIDS NEDERLAND & RUTGERS WPF (2016²): Seksuele diversiteit en genderdiversiteit. Lesbrief bij lespakket Lang leve de liefde. Amsterdam.

THALER, Engelbert (2012): Englisch unterrichten. Berlin: Cornelsen.

VISION KINO GmbH – Netzwerk für Film- und Medienkompetenz (Hrsg.) (2015): Schule im Kino. Tipps, Methoden und Informationen zur Filmbildung. Praxisleitfaden für Lehrkräfte. Berlin, 6. Auflage.

VISION KINO GMBH – Netzwerk für Film- und Medienkompetenz (Hrsg.) (2015): Film im Fremdsprachenunterricht. Methoden, Tipps und Informationen. Praxisleitfaden. Berlin, 1. Auflage.

YEARWOOD, Tanyasha (2015): We´d like to report a Lost Passport – kommunikative Strategien für standardisierte Gesprächssituationen erwerben, Der fremdsprachliche Unterricht Englisch, 138, S. 38-44.

Abbildungs- und Quellenverzeichnis

Seite III Verwendung des Zitats mit freundlicher Zustimmung von Prof. Dr. Ewald Terhart
Seite 1 Verwendung des Zitats mit freundlicher Zustimmung von Prof. Dr. Rainer Lersch

Copyright ©

Seite 71 „Superman Video“ mit freundlicher Genehmigung von Minidisco - Django Music & Publishing

Seite 98 „Koningslied“ mit Songtext , Musik: John O.C.W. Ewbank, Text: John O.C.W. Ewbank, Ali Bouali, Gerwin Pardoel mit freundlicher Genehmigung von © Chandler's Ford Music, Universal Music Publishing B.V.,TN, Publishing / Universal/MCA Music Holland B.V. / Universal Music, Publishing B.V. / Universal/MCA Music Publishing GmbH / Universal Music Publishing GmbH und Downtown Music Benelux

Seite 101 Filmcover „Das große Geheimnis“ mit freundlicher Genehmigung von Koch Media

Seite 115 118, 121 Film „Oorlogsgeheimen“ (2014); Buchcover „Oorlogsgeheimen“ mit freundlicher Genehmigung von Unieboek | Het Spectrum bv en Jacques Vriens

Seite 143 Jacques Hogewoning: Een bal is kogelrond. *De redactie heeft gepoogd alle rechthebbenden te achterhalen. Degenen die menen rechten te kunnen doen gelden, wordt verzocht contact op te nemen met de uitgever.*

Seite 156 mit freundlicher Genehmigung von *Loesje*

Übersicht: Mitarbeit Studentinnen und Studenten

Kim Geffroy
Fächer: Niederländisch und Mathematik
Lehramt Gymnasium, Gesamtschule
(Lernaufgabe 4.1)

Marc Jansen
Fächer: Niederländisch und Geschichte
Lehramt Haupt-, Real- Gesamtschule
(Lernaufgabe 4.2)

Hannah van de Bruck und **Sophie Telaak**
Fächer: Niederländisch und Biologie
Lehramt Haupt-, Real- Gesamtschule
(Lernaufgabe 4.3)

Marie Boegen und **Rainer Landwehrs**
Fächer: Niederländisch und Deutsch
Lehramt Gymnasium, Gesamtschule
(Lernaufgabe 4.4)

Alexander Weise
Fächer: Niederländisch und kath. Religionslehre
Lehramt Haupt-, Real-, Gesamtschule
(Lernaufgabe 4.5)

Dustin Zantis
Fächer: Niederländisch und Französisch
Lehramt Gymnasium, Gesamtschule
(Lernaufgabe 4.6)

Übersicht: Mitarbeit Lehrerinnen und Lehrer

Dr. Martin Bachmann
Fächer: Niederländisch, Deutsch, Geschichte
Schule: St.-Georg-Gymnasium Bocholt
Arbeitsschwerpunkte: Fachmoderation Niederländisch, Trainings für Moderatorinnen und Moderatoren moderner Fremdsprachen, Erprobungsstufenkoordination

Fabian Hoppe
Fächer: Niederländisch, Deutsch
Pädagogischer Mitarbeiter beim Ministerium für Schule und Bildung NRW

Monika Janßen
Fächer: Niederländisch, Englisch
Schule: Städtisches Kardinal-von-Galen Gymnasium, Kevelaer
Arbeitsschwerpunkte: Oberstufenkoordination, Fachvorsitz Niederländisch

Annick Keppens
Fächer: Niederländisch, Englisch
Schule: Gymnasium Arnoldinum, Steinfurt
Arbeitsschwerpunkte: Erprobungsstufenkoordination, Fachvorsitz Niederländisch

Sven Naujokat
Fächer: Niederländisch, Englisch
Schule: Europaschule Köln Gesamtschule Zollstock
Arbeitsschwerpunkte: Koordination schulfachlicher Aufgaben, Fachvorsitz Englisch und Niederländisch, Fachberatung Niederländisch (Bezirksregierung Köln)

drs. Stefan Wetschewald
Fächer: Niederländisch, Deutsch, Biologie
Schule: Städtisches Willibrord-Gymnasium Emmerich am Rhein, Zentrum für schulpraktische Lehrerausbildung Kleve
Arbeitsschwerpunkte: Fachdidaktik Niederländisch, sprachsensibler Unterricht

Informationen zur Projektleitung

Nicole M.H. Lücke
Lehrerin im Hochschuldienst, Fachdidaktik Niederländisch, Universität zu Köln
Fächer: Niederländisch, Katholische Religion, Deutsch (Gymnasium, Gesamtschule)

Weitere Arbeitsschwerpunkte: Fachberaterin und Fachmoderatorin Niederländisch (Bezirksregierung Düsseldorf), Trainerin für Fachmoderator/innen für moderne Fremdsprachen (Bezirksregierung Düsseldorf), Schulbuchberaterin, systemischer Schulcoach (Schul- und Unterrichtsentwicklung), Lehrkraft für neu zugewanderte Schülerinnen und Schüler (Bundesamt für Migration und Flüchtlinge)

Digna M. Hobbelink
Lektorin Spracherwerb Niederländisch, Institut für Niederlandistik, Universität zu Köln

Weitere Arbeitsschwerpunkte: Vorbereitungskurse NT2-Examen, Publikationen zum Sprachenlernen Niederländisch

Unterstützt wurden die Projektleiterinnen durch die wissenschaftliche Hilfskraft
Lorenz Kerner
Fächer: Niederländisch, Englisch
Lehramt Gymnasium, Gesamtschule